Vers un droit international pénal de la santé publique?

Étude d'affaires sanitaires insuffisamment résolues en France

CAROLINE THIRIOT

Copyright © 2018 Caroline Thiriot

All rights reserved.

ISBN: 172458281X
ISBN-13: 978-1724582812

TABLE DES MATIERES

INTRODUCTION 1

Partie 1. L'affaire du sang contaminé : Un scandale à la portée politique réalisée, mais à la portée morale atténuée 17

I. Portées politique et sociale du scandale : Restructuration des institutions, redistribution des pouvoirs 29
A. Médecine 20
B. Société civile 24

II. Portée morale du terme scandale : fonction sociale du droit 27
A. Du scandale à l'affaire 30
B. Volet indemnitaire 33
C. Volet judiciaire 35

Partie 2. L'affaire de l'amiante : Une crise aux dommages réparés, mais un drame aux responsabilités méconnues 49

I. La crise de l'amiante 51
A. Analyse normative 53
B. Analyse politique 58

II. De la crise à l'affaire 60
A. Responsabilité administrative 60
B. Indemnisation et responsabilité civile 64

III. Des affaires similaires traitées de manière différente 68
A. Responsabilité pénale 68
B. Des traitements nationaux révélateurs d'injustices 73
C. Droit pénal et politique 75

Partie 3. Les affaires sanitaires récentes comme récurrences banalisées des scandales devenus des crises : Des gestions plus politiques, mais « rien n'a changé » 81

I. L'affaire du Mediator : des conflits d'intérêts repérés, mais toujours insanctionnés, voire insanctionnables 82
   A. Gestion politique 84
   B. Gestion par le droit 87

II. Les scandales sanitaires postérieurs : banalisation d'une récurrence, signe de dysfonctionnements 93
   A. Les implants de contraception définitive Essure 93
   B. Le médicament anti épileptique Dépakine 96

CONCLUSION 99

INTRODUCTION

Actualité

Les « crises sanitaires », évoluant du statut de scandale à celui d'affaire, semblent de plus en plus fréquentes. En 2016, deux nouveaux cas ont été portés devant la justice en France : les implants de contraception définitive Essure et le médicament anti épileptique Dépakine. Ces deux affaires partagent de nombreuses caractéristiques avec celles du Médiator et des prothèses PIP qui les ont précédées d'à peine quelques années. Elles illustrent des dysfonctionnements dans le domaine de la pharmacovigilance et sont traitées judiciairement par la voie du droit de la consommation. Cette « solution » soulève de multiples enjeux éthiques liés à la politique d'une part, et à la valeur symbolique accordée à la santé d'autre part. Au cours de l'année 2016, et au début de l'année 2017, une affaire plus ancienne, celle de l'amiante, a également marqué l'actualité judiciaire sanitaire française. Nous analyserons les demandes des victimes qui, en plus de l'indemnisation de leurs dommages, exigent un procès pénal.

Sang contaminé, amiante, Mediator, implants de contraception définitive Essure, Dépakine : ces affaires de santé publique que nous nous proposons d'étudier connaissent de multiples désignations, « scandales ; crises ; affaires », qui ne se rapportent à aucune catégorie juridique spécifique, à aucune qualification. Cela signifie qu'elles ne font pas l'objet d'une législation spécifique en droit français et que les gouvernants autant que les juges doivent s'appuyer sur des normes de droit général pour prendre des décisions lorsque de tels problèmes sanitaires émergent. Cette liste n'est bien sûr pas exhaustive. Nous aurions pu mobiliser d'autres affaires comme par exemple : le médicament Distilibène, prescrit à des femmes enceintes et ayant entrainé de graves malformations chez les enfants à naître ; les hormones de croissance ayant entraîné la transmission de la maladie de CreutzfeldtJakob à des enfants qui les prenaient comme traitement ; ou plus récemment, les prothèses PIP, dont le taux de rupture est deux fois plus important que les autres marques d'implants en raison de l'utilisation d'un gel de silicone non-destiné à un usage médical mais industriel et différent de celui déclaré lors de la mise sur le marché.

Les « mafias » pharmaceutiques

Nous aurions également pu nous référer à l'un des nombreux cas étudiés par Peter Gøtzsche dans son ouvrage *Deadly medicines and organised crime : How big pharma has corrupted healthcare*[1], titre que l'on pourrait traduire par : « Médecines meurtrières et crime organisé : Comment Big Pharma a corrompu la santé ». L'auteur, spécialiste de médecine interne, y compare l'industrie pharmaceutique à la mafia en avançant que le système commercial des dix premières firmes pharmaceutiques utilise les mêmes méthodes que la criminalité organisée. Marie-Odile Bertella-Geffroy semble partager cet avis. L'ancienne juge d'instruction au pôle de santé publique du tribunal de grande instance de Paris déclare au sujet du traitement actuel de ces affaires : « Le pôle santé est une vitrine, mais ce n'est qu'une vitrine, une sorte de guichet chargé d'enregistrer des plaintes sans suite, un leurre pour les victimes, une garantie presque assurée d'impunité pour les mafieux. La santé publique est ravalée au rang de donnée superfétatoire subordonnée à des objectifs industriels et commerciaux. »[2]

Afin d'appuyer sa thèse, Peter Gøtzsche met en avant le fait que l'industrie pharmaceutique parvient à corrompre un large panel d'acteurs du système du médicament : chercheurs, professeurs, politiciens, médecins et pharmaciens. Il part du constat qu'aux Etats-Unis et en Europe, les médicaments sont la troisième cause de décès après les maladies cardiovasculaires et le cancer et qu'aujourd'hui, nous pouvons constater que l'existence de deux épidémies létales majeures ont été créées par l'homme : le tabac et le médicament. Celles-ci ont notamment en commun le postulat suivant : « *the morally repugnant disregard for human lives is the norm… Tobacco executives know they are peddling death and so do drug company executives* » (« le mépris moralement répugnant pour les vies humaines est la norme… Les dirigeants du tabac savent qu'ils vendent de la mort, et les dirigeants des compagnies pharmaceutiques aussi »). À travers l'étude de plus d'une vingtaine de cas impliquant des groupes de l'industrie pharmaceutique entre 2001 et 2007, l'auteur démontre que les affaires liées aux médicaments connaissent majoritairement la même issue : comme dans le cas des affaires liées à la finance, les accusés ne sont ni reconnus coupables ni condamnés.

Les industriels ne sont néanmoins pas les seuls responsables. Marie-Odile Bertella Geoffrey souligne ainsi que « les responsabilités pointées généralement par ces plaintes sont soit celles de l'Etat lui-même qui n'a pas, en connaissance du danger, protégé la population (amiante, Tchernobyl, Sahara et Mururoa), soit de multinationales avec des stratégies nationales ou internationales (amiante encore, pollutions industrielles ou minières), soit de mafias (dépôts sauvages dans leur propre pays de déchets toxiques ou organisation de transferts ce ces déchets à l'international, et trafics en tous genres commis par des écomafias : ces domaines aujourd'hui sont bien plus lucratifs pour les mafias que la drogue ou la prostitution). »[3] Les responsabilités sont donc multiples et la justice nationale ne semble pas en mesure de gérer ce type d'affaires. L'ancienne juge d'instruction, désormais avocate, suggère par conséquent le recours à la justice pénale internationale. À propos de l'affaire de l'amiante, elle déclare : « Et que dire des victimes actuelles de l'amiante dans les pays n'ayant pas encore interdit ce produit mortifère ? C'est au niveau international qu'il faut sanctionner pour arrêter l'hécatombe. Une modification du statut de Rome, réalisable en 2017, par un ajout à l'article 7 d'un titre de compétence criminelle concernant ces décès que l'on savait inéluctables par une exposition consciente à ces risques mortels assurerait une compétence de la Cour Pénale Internationale actuelle, et une condamnation des auteurs. Une prise de conscience collective voit le jour. Non ce n'est pas celle de nos politiques. En fait, c'est la société civile française, européenne et internationale qui bouge. Soyons responsables non seulement de nos proches, mais des victimes anonymes pour nous de cette société technocratique de la consommation et du profit. Ne laissons pas se perpétuer ces crimes contre l'humanité. C'est notre terre et sur celle-ci la vie humaine, animale et végétale qui en sont l'enjeu. »[4]

Le droit international pénal comme solution ?

En 2009, un collectif s'est créé en vue de soutenir la création d'une Cour pénale internationale de l'environnement et de la santé. Une telle juridiction aurait pour objectif la prévention des catastrophes environnementales et sanitaires, ainsi que la promotion d'une justice égale pour tous, quelle que soit la nationalité des prévenus ou celle des victimes[5]. Le 30 janvier 2014[6], plusieurs organisations ont signé la Charte de Bruxelles[7] appelant à la création d'un tribunal pénal européen pour les crimes liés à l'environnement et à la santé. L'accent est mis sur « le droit inaliénable de l'homme à un environnement sain et le risque d'irréversibilité du niveau atteint par la perte de biodiversité ». Le processus de création est divisé en trois étapes : l'établissement d'un tribunal moral pour les responsables de crimes et délits environnementaux ; la création d'un tribunal pénal européen de l'environnement et de la santé qui pourrait avoir pour base la création d'un parquet européen et s'effectuer par la modification des statuts de la Cour de justice de l'Union européenne et la reconnaissance de la nécessaire sanction pénale des délits environnementaux (fondée sur la directive 2008/99/CE du Parlement européen et du Conseil du 19 novembre 2008 relative à la protection de l'environnement par le droit pénal) ; et finalement, la création d'une cour pénale internationale de l'environnement et de la santé « avec la reconnaissance effective de la catastrophe environnementale comme crime contre l'humanité, étape ultime de la reconnaissance d'une responsabilité stricte concernant les dommages à l'encontre de nos écosystèmes des générations futures ».

Le Professeur Antonio Abrami, ancien juge de la Cour suprême de cassation italienne qui participe à cette initiative déclare à cet égard que « les délits environnementaux et de santé publique apparaissent de plus en plus liés aux organisations criminelles agissant souvent au niveau européen et international, et que pour ces raisons il apparait de plus en plus urgent que soit créé un organe de contrôle qui soit en mesure d'agir surtout dans un but de prévention, avec des exigences de coordination au niveau judiciaire national et européen ; de même qu'un organe d'enquête et un organe de jugement appliquant le principe de subsidiarité, soit un Tribunal Pénal Européen de l'Environnement et de la Santé »[8]. Il propose également d'ajouter à l'article 7 du Statut de la Cour pénale internationale, portant sur les crimes contre l'humanité, un titre de compétence concernant les décès de masse liés à des catastrophes environnementales et sanitaires que l'on savait inéluctables par une exposition consciente de ces populations à des risques mortels[9].

L'exemple du « Tribunal Monsanto »

Une initiative citoyenne d'envergure a récemment fait

écho à ces différents projets. Le 18 avril 2017[10], après six mois d'un « procès citoyen » intenté contre la firme Monsanto « pour violations des droits humains, pour crimes contre l'humanité et pour écocide », cinq magistrats professionnels de nationalités différentes (Argentine, Belgique, Canada, Mexique, Sénégal) ont rendu à la Haye, ville où la Cour pénale internationale a son siège, un « avis consultatif »[11] d'une soixantaine de pages en suivant les procédures de la Cour internationale de justice. Pour rappel, la Cour internationale pénale ne rend pas d'avis consultatifs et la Cour internationale de justice n'est pas compétente pour juger des personnes physiques accusées de crimes de guerre ou de crimes contre l'humanité, n'étant pas une juridiction pénale, elle n'a pas de procureur susceptible de lancer des poursuites[12]. Une trentaine de témoins, d'experts de victimes et d'avocats ont été auditionnés par ce tribunal citoyen et Monsanto qui y a été invité a refusé de « comparaître ».

Les juges avaient pour mission de traiter six questions. Les quatre premières concernaient le droit à un environnement sain, à l'alimentation, le droit à la santé et à la « liberté indispensable à la recherche scientifique ». Dans leur avis, les juges concluent que la multinationale contrevient aux réglementations et au respect des droits fondamentaux : « Monsanto se livre à des pratiques qui ont de graves répercussions sur l'environnement » et des activités qui affectent les droits des peuples autochtones et des communautés locales. Les droits à l'alimentation et à la santé ne sont pas non plus respectés : « la commercialisation agressive de semences OGM » altère ces droits « en forçant des agriculteurs à adopter des modes de culture qui ne respectent pas les pratiques des cultures traditionnelles ». Le tribunal dénonce également les pratiques de Monsanto qui nuisent à la liberté de la recherche scientifique et à « la liberté d'expression et au droit à l'accès à l'information ». Les deux dernières questions reçoivent une réponse moins affirmative. Concernant l'accusation de complicité de crimes de guerre qui portait sur des dommages causés au cours de la guerre du Vietnam, le tribunal estime ne « pas être en mesure de formuler une conclusion définitive », mais reconnaissant la destruction de l'environnement ainsi que les dommages causés à la population vietnamienne, les juges estiment que l'on ne peut pas écarter l'hypothèse selon laquelle Monsanto, qui « a donné les moyens de faire la guerre au Vietnam », « connaissait l'utilisation qui devait être faite du produit » et « disposait des informations relatives à ses effets préjudiciables sur la santé et l'environnement ». Les juges affirment dès lors que le crime d'écocide doit être reconnu dans le droit pénal international, car il aurait permis de caractériser les activités de Monsanto : « le temps est venu de proposer la création d'un nouveau concept juridique pour le crime d'écocide et de l'intégrer dans une future version amendée du statut de Rome établissant la Cour pénale internationale ».

Dans le même sens, en 2016, la procureure de la Cour pénale internationale a annoncé « qu'un point d'honneur particulier sera mis sur la poursuite en justice des auteurs de crimes (…) ayant pour objectif ou pour conséquence, entre autres, la destruction de l'environnement (…) ». La notion d'écocide a été évoquée en 1972 au cours de la conférence des Nations unies sur l'environnement, à Stockholm, dans son discours d'ouverture, par le premier ministre suédois se référant à la guerre du Vietnam.

Bien que l'ambition portée par l'incrimination de l'écocide, consistant à faire sortir le droit de sa vision anthropocentrée, ne s'applique pas à notre objet d'étude, nous pouvons nous focaliser sur un aspect que partagent les crimes contre l'environnement et les crimes contre la santé, en plus de leur indéniable complémentarité. Comme le souligne Valérie Cabanes, juriste militant pour la reconnaissance du crime d'écocide : « Le droit des entreprises, des règles du commerce mondial, sont en train de primer sur les droits de l'homme et ceux de la nature. Il est temps de redéfinir la hiérarchie des normes. »[13] Elle ajoute qu'il est impératif de reconnaître « un droit à l'environnement sain, nécessaire à la préservation de l'espèce humaine » et met en avant le concept d'interdépendance des êtres humains et de la nature en rejetant la notion de « bien commun », en partie à cause de sa promotion d'une vision utilitariste de la Terre par l'espèce humaine qu'elle implique. Elle se réfère à l'expression anglaise « *common goods* » qui évoque l'intérêt général, en distinguant la possession des biens de leurs bienfaits dont nous bénéficions. Dans le domaine de la santé, une ambiguïté comparable est mise en avant par Bruno Boidin[14], économiste, qui plaide pour remplacer la notion mercantile et inadaptée de « bien commun mondial », élaborée par l'Organisation mondiale de la santé, par « objectif commun », en particulier dans le cadre de l'aide humanitaire.

Approche et objectif de cet ouvrage

Cet ouvrage vise à étudier le traitement de ce que l'on désigne, souvent de manière indifférenciée, par les expressions de « scandales », « crises » et « affaires » sanitaires afin de déterminer si un droit international pénal de la santé publique, tant dans sa portée législative que judiciaire, est nécessaire pour répondre aux exigences éthiques soulevées par ce type de cas.

À travers l'analyse de ce qu'impliquent sociologiquement les concepts de « scandales », « crises » et « affaires », nous dégagerons les dynamiques et problématiques communes à ces types d'affaires de santé publique. Nous déterminerons dans quelle mesure l'application des normes de droit général français qui les gouvernent respectent « l'éthique de la discussion ». À cette fin, nous nous appuierons sur la définition de « l'éthique de la discussion » que propose Jürgen Habermas : « Une norme ne peut prétendre à la validité que si toutes les personnes qui peuvent être concernées sont d'accord (ou pourraient l'être) en tant que participants à une discussion pratique sur la validité de cette norme. »[15] Nous chercherons à déterminer si ces « scandales ; crises ; affaires » sanitaires ont été résolus de manière éthique, dans le sens où leurs solutions satisfont les parties impliquées. L'enjeu de notre ouvrage sera finalement de démontrer qu'en matière de santé publique, le droit français est à repenser malgré les transformations sociales et politiques qui se sont imposées d'elles-mêmes.

Notre étude partira du postulat qu'il est préférable de construire une catégorie juridique spécifique *a posteriori* plutôt que de déterminer. Michela Marzano défend une conception de l'éthique appliquée qu'elle interprète comme la preuve d'un renouvellement profond au sein même de la philosophie plutôt que la marque d'une crise de la philosophie morale. Selon elle, « il ne s'agit plus de construire un modèle hypothético-déductif qui prétend expliquer les lois de la morale indépendamment des conditions historiques et sociales, mais d'accorder de l'importance au contexte à l'intérieur duquel surgit un problème ou une question et aux conséquences des actions envisagées, pour ensuite proposer des accords sur les stratégies à mener qui soient reconnus par un maximum de personnes »[16]. Cette démarche ne relève pas d'une approche déontologique mais conséquentialiste, plus précisément, elle est utilitariste. Ces deux théories que l'on pose comme incompatibles permettent d'évaluer une action morale et constituent des justifications possibles aux décisions que l'on prend face à un problème ou une question éthique. La première a été développée de la manière la plus complète par Emmanuel Kant[17] et se fonde sur la notion de devoirs, d'obligations ou d'interdits. Dans une approche déontologique, un acte bon est un acte bon « en soi », c'est-à-dire par définition, de manière abstraite, *a priori*. À l'opposé, le courant conséquentialiste est empirique et se concentre sur l'*a posteriori*. Il évalue ou justifie les actes en fonction de leurs conséquences. L'utilitarisme est issu de ce courant et a été explicité par Jeremy Bentham[18]. Dans l'impossibilité de définir objectivement les notions de Bien et de Mal, l'utilitarisme s'en défait en établissant « l'utilité » comme principe premier de l'action. Il est fondé sur le seul critère du « plus grand bonheur possible pour le plus grand nombre de personnes », se référant alors à une approche quantitative.

Nous procéderons donc par la méthode opposée à la déduction, c'est-à-dire l'induction. La déduction repose sur une opération logique de dérivation de conséquences particulières à partir de propositions universelles, il s'agit d'un passage de l'universel au particulier. L'induction en philosophie est au contraire une « méthode expérimentale » fondée sur l'observation afin de parvenir à la connaissance. Elle consiste en une généralisation à partir de l'observation qui doit ensuite engager de nouvelles observations pour confirmer et préciser la validité de la proposition générale et ses modalités d'application afin de délimiter le domaine de validité de celle-ci. Le point crucial de la démarche inductive consiste dans le double passage des observations particulières aux propositions universelles : de l'observation à la proposition, du particulier (les observations ne portent que sur des faits particuliers) à l'universel (aux propriétés générales).

Dans leur article *Le scandale comme épreuve*, Damien De Blic et Cyril Lemieux, sociologues, s'interrogent : « Le chercheur qui étudie des scandales et des affaires doit-il prendre parti ? » Dans un premier temps, ils notent que malgré le caractère attractif de l'approche objectiviste consistant à tenter de définir la gravité des faits transgressifs de façon « objective », c'est-à-dire « indépendamment de la réaction suscitée dans la communauté étudiée, voire en opposition avec cette réaction », celle-ci n'offre pas « une réponse satisfaisante au problème de la neutralité axiologique ». Ils rejettent donc la démarche du chercheur qui procède ainsi et qui conclut, par exemple, que les acteurs qu'il étudie « s'illusionnent gravement, lorsqu'ils crient au scandale – ou autre version : qu'ils sont manipulés par des entrepreneurs de morale –, puisque le fait scandaleux qui les émeut tant, est bien plus « normal » (courant, habituel, etc.) qu'ils ne le croient et qu'on ne leur dit »[19]. Selon eux, un tel geste limite l'analyse du chercheur, puisqu'en ne prenant pas au sérieux les raisons pour lesquelles les acteurs se scandalisent ou ne se scandalisent pas, il pense qu'ils ont tort de réagir ainsi. Ils prônent donc une sociologie pragmatique. C'est cette approche que nous adopterons dans cet ouvrage. Ainsi, nous n'étudierons pas le caractère éthique du traitement des affaires de santé publique en elles-mêmes : c'est la raison pour laquelle nous fonderons notre analyse sur des cas concrets afin d'y inclure les réactions des « personnes concernées » pour déterminer si l'éthique de la discussion est respectée. Nous ne nous intéresserons pas à la rationalité juridique des décisions en elles-mêmes, mais à leur réception et à la « valeur » qui leur est accordée par les membres de la société. En outre, concernant les cas santé publique qui nous intéressent, si nous voulons les aborder comme des objets à connaître, des « connaissances », ajoutons que l'on ne peut procéder que par l'induction, puisqu'ils n'existent pas *a priori*. Ce n'est qu'à travers l'expérience qu'ils surgissent dans toute leur originalité. Le principe de précaution est le seul outil conceptuel, d'abord philosophique puis consacré par le droit français par la loi dite « Barnier » de 1995, qui permet de les penser dans leur virtualité : « L'absence de certitudes, compte tenu des connaissances scientifiques et techniques du moment, ne doit pas retarder l'adoption de mesures effectives et proportionnées visant à prévenir un risque de dommages graves et irréversibles à l'environnement à un coût économiquement acceptable. » Dans le cadre de cet ouvrage, nous ne mobiliserons ce concept que de manière superficielle, puisque nous nous concentrerons sur le traitement des cas sanitaires *a posteriori*, une fois que les « risques ; dangers » se sont actualisés en dommages. Par ailleurs, nous considérons que dans les exemples mobilisés, l'application du principe de précaution aurait permis d'éviter que les conséquences prennent une telle ampleur : ce n'est pas tant « l'absence de certitudes, compte tenu des connaissances scientifiques et techniques du moment » qui a « retardé l'adoption de mesures effectives et proportionnées visant à prévenir un risque de dommages graves et irréversibles », mais plutôt le « coût économiquement acceptable » qui a été apprécié de manière à privilégier les intérêts privés plutôt que l'intérêt général. Notons toutefois que les affaires de santé publiques, notamment celles du sang contaminé ou de la « vache folle », ont largement contribué à développer le principe de précaution.

Par conséquent, nous nous appuierons sur des cas concrets en suivant une logique fondée sur des théories, relevant principalement de la sociologie, afin d'étudier les transformations qui se sont opérées et celles qui ne se sont pas opérées à la suite de ces « événements ». Nous démontrerons que l'autorégulation sociale permet de traiter certains problèmes éthiques mis en lumière par le « scandale », mais qu'elle a ses limites dans la mesure où la société a besoin d'institutions, en particulier d'institutions judiciaires.

En outre, précisons d'emblée que nous n'abordons pas ces « scandales ; crises ; affaires » de santé publique comme des catastrophes, contrairement à certains journalistes, comme par exemple lorsqu'ils traitent de l'affaire de l'amiante[20] ou de celle du Mediator[21]. Dans son ouvrage *Vivre avec les catastrophes*[22], Yoann Moreau, anthropologue, met en avant quatre caractéristiques du concept de « catastrophe » qui peuvent nous aider à penser *a contrario* les cas que nous étudions. Le fait qu'ils ne partagent pas ces traits avec la catastrophe est précisément ce qui engendre certaines problématiques, notamment d'ordre juridique. L'auteur observe que l'origine théâtrale du terme « catastrophe » se retrouve dans les quatre éléments suivants : unité d'espace ; unité de temps ; unité d'action ; spectacularité. Par exemple, l'accident de Fukushima, bien qu'il était tragique et traumatique, ne peut pas être considéré comme une catastrophe. Tout d'abord, les éléments contaminants se retrouvent au-delà d'une zone limitée, comme dans le cas de l'amiante qui constitue un danger environnemental ou, de manière certes plus « gérable », dans le cas de la commercialisation mondialisée des médicaments. Ensuite, cet accident n'est pas un événement mais un avènement : il est labile dans le temps et voué à la longue durée, il constitue le début de quelque chose qui ne s'arrête pas. On peut penser aux contaminations qui ne déclenchent pas immédiatement des pathologies. Concernant l'unité d'action, on ne peut pas lire une causalité entre le fait visé et les conséquences. Dans le cas d'une catastrophe, comme par exemple le tremblement de terre

Vers un droit international pénal de la santé publique ?

à Haïti, on peut dénombrer les victimes touchées par l'évènement, alors que dans le cas de l'accident de Tchernobyl, on n'a pas affaire à une causalité stricte mais statistique, puisqu'il existe des facteurs de stress, ainsi, la fourchette du nombre de victimes peut varier de la quinzaine au million. Ces différents éléments ont des conséquences quant à l'établissement de la causalité, de la responsabilité et de la prescription des actions.

Cet ouvrage s'intéressera à la fonction sociale du droit positif dans le cadre de la santé publique. Dans sa théorie du contrat social qu'il élabore dans le *Léviathan*[23], Thomas Hobbes distingue le « droit naturel » de la « loi naturelle ». Selon lui, « le droit de nature que les auteurs appellent généralement *jus naturale* est la liberté qu'a chacun d'user comme il le veut de son pouvoir propre, pour la préservation de sa propre nature, autrement dit, de sa propre vie, et, en conséquence, de faire tout ce qu'il considérera selon son jugement et sa raison propre, comme le moyen le de cette fin ». Les lois naturelles désignent les accords auxquels les individus parviennent, à l'aide de la raison, afin de vivre en société. L'état social implique donc la restriction du droit naturel de chacun, qui s'étend sur toutes choses, et l'établissement des lois naturelles par les lois civiles, ou droit positif. Il n'y a en effet pas de loi, selon Hobbes, sans souveraineté et sans organisation de la contrainte pénale, qui seule garantit celle-ci. Ainsi, au cours de notre étude, nous mettrons en avant le fait que les « personnes concernées » par les cas de santé publique étudiés ne sont pas parvenues à « se mettre d'accord », d'où la nécessité du droit positif à intervenir pour pallier cette défaillance de la loi naturelle qui n'a pas su s'imposer d'elle-même.

Plan

Dans une première partie, à partir de l'affaire du sang contaminé, nous étudierons les implications du terme « scandale ». Le scandale est le premier temps de cette de toute affaire sanitaire : celui où les faits sont rendus publics. À travers l'étude des transformations des rapports de force que ce concept implique, nous démontrerons que la société a en partie su s'adapter d'elle-même. Cependant, le scandale ayant également une portée morale, nous soulignerons que lorsque le scandale du sang contaminé a évolué en affaire judiciaire, la logique fonctionnaliste du scandale n'a pas été menée à son terme et a laissé chez certains un « goût d'inachevé ».

Dans une seconde partie, notre analyse portera sur le second temps du scandale : celui de la « crise ». La crise désigne la gestion principalement politique et précède l'affaire judiciaire. Nous étudierons les défaillances que l'affaire de l'amiante a dévoilées et les résolutions qui ont été mises en œuvre. Cependant, une nouvelle fois, nous insisterons sur le caractère insuffisant de ces réactions des gouvernants et sur la frustration éprouvée par les victimes. Les questions d'impunité dans cette affaire sont d'autant plus aberrantes que pour les mêmes faits, la justice d'autres pays est parvenue à condamner des responsables.

Finalement, dans une troisième partie, nous étudierons des cas plus récents, y compris des scandales qui ne sont pas encore devenus à proprement parler des affaires judiciaires, les procédures ayant été néanmoins enclenchées. Nous nous interrogerons sur les leçons tirées des cas passés tout en relevant que ces scandales ou affaires sont de plus en plus fréquents et se ressemblent.

Ainsi, nous conclurons que le droit français n'a pas pris la mesure des problèmes qui se posent et qu'il est à repenser. Cette absence de pénalisation sous la forme d'une qualification spécifique laisse alors la porte ouverte à une législation, voire à une compétence, pénale internationale.

Pour chaque cas, nous rappellerons les faits, les lois et les décisions judiciaires subséquentes. Plus qu'aux rationalités juridiques, nous porterons notre attention aux enjeux sociaux et aux réactions des personnes qui sont « concernées » et qui ne sont pas « d'accord ». Nous utiliserons principalement des ouvrages et des articles académiques qui ont mis en avant les mutations que les scandales sanitaires les plus anciens ont engendré, et des articles de journaux rapportant les propos des personnes « concernées », victimes, accusés, avocats, juges et politiques. À l'issu de chaque exposé, nous expliciterons les problèmes éthiques qui demeurent et qui font l'objet des revendications de ceux qui ne sont pas satisfaits.

Caroline Thiriot

Partie 1.

L'affaire du sang contaminé : Un scandale à la portée politique réalisée, mais à la portée morale atténuée.

S'il est une affaire de santé publique qui par sa tentative de résolution a métamorphosé la société, c'est celle du sang contaminé. Comme nous l'étudierons, cette capacité, voire fonction, de réforme est propre au « scandale ». Ce terme de désignation que les journalistes emploient avec indifférence, ou à des fins de racolage, est porteur d'enjeux conséquents.

Par sa primauté d'ordre chronologique, l'affaire du sang contaminé apparaît comme « le » précédent des crises sanitaires que l'on invoque à chaque nouvelle bataille. Bien qu'elle a abouti à une relaxe générale, elle est celle dont le traitement judiciaire a été le plus loin, puisqu'une procédure pénale a été enclenchée devant la Cour de justice de la République contre des responsables politiques. Sa résolution a donc profondément marqué le domaine de la sécurité sanitaire.

Présentation de l'affaire

L'affaire du sang contaminé désigne la contamination massive des patients hémophiles traités avec des produits dérivés du sang par le virus de l'immunodéficience humaine (VIH) responsable du Sida qui a eu lieu au début des années 1980.

En 1980, on compte environ 5000 patients atteints d'hémophilie en France. Cette maladie rare d'origine génétique se manifeste par un déficit de facteur de coagulation provoquant des hémorragies internes aux séquelles souvent invalidantes. La moitié de ces patients souffre de formes sévères et nécessite un recours fréquent aux dérivés sanguins. Selon les données du Fonds d'indemnisation des transfusés et des hémophiles[24], on estime à environ 1350 le nombre de patients hémophiles qui ont été contaminés par le Sida, dont 600 sont décédés à la suite de la contamination avant 1996. En 2017, on peut estimer le nombre de décès liés à cette affaire à plus de 900.

Les premiers cas de Sida sont décrits en 1981 et en 1983, une publication semble identifier un virus comme responsable de ceux-ci. L'Organisation mondiale de la santé recense alors 267 cas de Sida dans les pays membres de la Communauté économique européenne et la France est le premier pays touché avec 92 cas. Un an plus tard, on en dénombre 236 en France et leur progression est constante jusqu'à ce que des mesures soient prises. Fin 1984, le Docteur François Pinon communique les résultats d'une enquête préliminaire effectuée dans deux banques parisiennes du sang d'où il ressort que « tous les produits sanguins parisiens sont contaminés »[25]. En travaillant presque exclusivement à partir des informations du Fonds d'indemnisation des transfusés et des hémophiles, le Professeur Vidal[26], alors chef du service des maladies infectieuses à l'hôpital Bichat à Paris, recherche quelles sont les contaminations les plus tardives possible et donc, les plus évitables. Il retient la date du 20 mars 1985 pour les transfusés, c'est-à-dire la date que la justice considère comme le moment où les autorités françaises politiques et sanitaires auraient retardé l'autorisation du test américain Abbott pour permettre au test Pasteur de développer le sien. Pour les hémophiles, il retient la date du 1er mai 1985 en considérant que dès lors, tous les responsables de transfusion et les médecins, y compris ceux qui ont été mis en examen, considèrent qu'il n'y aurait plus dû avoir aucune contamination.

I. Portées politique et sociale du scandale : Restructuration des institutions, redistribution des pouvoirs

Les sociologues Damien de Blic et Cyril Lemieux[27] soulignent que le scandale a souvent été utilisé « comme un *révélateur*, au sens quasi photographique du terme, des rapports de force, des structures, des espaces positionnels ou des normes qui lui préexistaient ». De cette interprétation *ex post*, nous retiendrons la dimension politique du scandale et nous étudierons ce que le phénomène du scandale révèle des rapports de forces antérieurs à celui-ci.

Une autre position consiste à traiter le scandale comme un objet d'étude à part entière et à l'aborder dans une perspective dynamique comme « un moment de transformation sociale ». C'est ce que propose la sociologie dite « pragmatique », un courant récent initié par Luc Boltanski et Laurent Thévenot[28]. Son principe de base consiste à « construire une approche qui tient compte de la capacité des acteurs à s'ajuster à différentes situations de la vie sociale ». Elle cherche à « mettre en évidence les modes d'équivalence, de qualification, d'ajustement et de justification par lesquels les acteurs produisent des accords et coordonnent leurs actions, c'est-à-dire la manière dont ils créent des ordres de justice et s'y réfèrent pour dénoncer l'injustice ». Cette démarche s'appréhende donc comme une « sociologie morale », puisqu'elle « entend redonner à l'activité normative toute sa place ». Dans cette perspective, le scandale implique de se concentrer, non seulement sur l'état antérieur d'une situation, un ordre institutionnel préexistant que révèle la « cérémonie de dégradation statutaire », mais également de penser les transformations des rapports sociaux et des fonctionnements institutionnels qu'il engendre et ce que cela signifie pour les acteurs, tant en termes symboliques qu'émotionnels. Il s'agit donc de reconnaître une force instituante au scandale, comme le suggère Eric de Dampierre[29] qui interprète le phénomène du scandale comme un test sur les valeurs transgressées permettant à la communauté de déterminer son degré de sensibilité à la transgression, et donc de conclure à la réaffirmation collective de ces valeurs et leur renforcement ou au contraire d'en déduire leur obsolescence.

Par conséquent, nous pouvons interpréter le « scandale » comme un événement qui déclenche une réflexion éthique sur les normes. Il n'est donc pas anodin que les affaires de santé publiques que nous étudions dans le cadre de cet ouvrage ont toutes été désignées de cette manière, que ce soit par des journalistes ou par des chercheurs.

Dans le cas du sang contaminé, il est surprenant de constater la véritable révolution que ce scandale a opéré à travers des pans entiers de la société (médecine et société civile).

A. Médecine

Dans son article *Que font les scandales ?*[30], Emmanuelle Fillion étudie « comment un scandale, l'affaire du sang contaminé, a agi sur le milieu au sein duquel il a éclaté, la clinique de l'hémophilie ». Elle avance l'idée selon laquelle ce milieu s'est trouvé « reconfiguré » par la gestion de ce scandale. C'est à partir de « l'ambivalence fondamentale qui caractérise le sang et en fait à la fois un investissement symbolique quasi-sacré et d'une exploitation mercantile » qu'elle pense les différents types de rapports que peuvent entretenir les médecins et les patients dans le contexte de l'hémophilie. Ainsi, en plus de s'inscrire dans des plans collectifs et techniques, l'affaire du sang contaminé a également eu un impact sur la relation entre médecins et patients. Afin de mettre en perspective ces plans collectif et interindividuel, Emmanuelle Fillion part de la distinction entre les deux manières dont l'État peut organiser la transfusion sanguine. Tout d'abord, elle s'appuie sur les travaux de la juriste Marie-Angèle Hermitte[31] qui considère qu'avant l'affaire du sang contaminé, l'organisation de la transfusion sanguine restait en France « fondamentalement éclatée, *féodale* », en raison des « idéaux hérités de la Résistance et la notion de *pacte social de non-exploitation* du sang » qui avaient présidé à l'organisation de la transfusion française dans les années 1950 et que la gauche au pouvoir avait fortement réinvestis au début des années 1980. À titre d'exemple, elle se réfère aux collectes en prison visant à une forme de réhabilitation des détenus. Toutefois, elle observe que dans le même temps, une mutation s'effectuait puisque l'État français commençait à agir comme un entrepreneur en misant fortement sur cette « industrie du sang » pour s'imposer sur le marché européen devant s'ouvrir sous peu. Notamment, le Centre national de transfusion sanguine s'arrogera le monopole d'importation, ce qui, d'après elle, « aura des conséquences catastrophiques sur la diffusion du VIH via les produits antihémophiliques ». Alors que l'organisation de la transfusion sanguine en France s'était construite en opposition au modèle mercantile américain, dans l'affaire du sang contaminé, l'État est apparu comme ayant « oublié » sa mission de contrôle et d'évaluation et comme ayant « cédé aux sirènes du profit ».

Un tel constat soulève plusieurs observations. D'une part, il est important de relever que le modèle choisi par les gouvernants a un impact sur les relations interindividuelles. D'autre part, il apparaît que la perception du rôle de l'État se trouve elle-même altérée par le modèle qu'il choisit. Peut-on conclure qu'en plus du fait scandaleux en lui-même, c'est-à-dire la contamination des transfusés par le virus, les rapports de force « révélés » *ex post* ont également fait l'objet d'un test moral ? On pourrait interpréter la réaction de l'opinion publique comme une opposition à ce modèle choisi par l'État. Notons que désormais, on parle de « médicaments dérivés du sang »[32], définis comme des « médicaments à base de sang ou de composants de sang préparés industriellement ». Ces produits, dont l'albumine, les facteurs de coagulation ou encore les immunoglobulines d'origine humaine, sont donc soumis à la réglementation applicable aux médicaments, notamment la nécessité d'obtenir une autorisation de mise sur le marché préalablement à leur commercialisation ou le fait de devoir respecter des règles spécifiques concernant la publicité. Anne Fargot-Largeault[33] pointe ainsi le « cynisme » de la position française à travers l'avis du Comité Consultatif National d'Éthique[34] qui s'insurgea contre la Directive n°89-381-CEE émise par le Conseil des Communautés Européennes en 1989. Cette Directive, applicable à partir de 1993, visait à améliorer la sécurité de « l'utilisation du sang ou du plasma humain en tant que matière première pour la fabrication des médicaments ». Puisque cela revenait à soumettre les « médicaments dérivés du sang ou du plasma humain » aux mêmes conditions d'autorisation de mise sur le marché que les autres médicaments, le Comité Consultatif National d'Éthique refusa de qualifier le sang humain de « matière première » et d'en traiter ses produits dérivés comme des « médicaments ». Il ajouta que la prévision d'une « vente commerciale des produits préparés » constituait « une négation du principe fondamental de notre droit, celui de la non-commercialisation du corps humain ». En outre, dans cette conception, le donneur est appréhendé comme un producteur, notamment dans le cadre de la plasmaphérèse. Dans certains pays, cette pratique constitue un véritable commerce, dont on ne peut être qu'effaré à la vue des dérives, notamment aux Etats-Unis comme l'illustre le documentaire « Une immersion documentaire entre les Etats-Unis, la France, l'Allemagne et la Suisse révèle les coulisses du commerce du sang à l'échelle mondiale » de Pierre Monnard sur une enquête de Marie Maurisse et François Pilet.

Dans le premier type de configuration décrit, celui du modèle non-mercantile, il ressort des entretiens de médecins qu'Emmanuelle Fillion a réalisés que le rapport des médecins aux patients peut être qualifié de « domestique » au sens que donnent Luc Boltanski et Laurent Thévenot à ce terme : « Le lien entre les êtres est conçu comme une génération du lien familial : chacun est un père pour ses subordonnés et entretient des relations filiales avec l'autorité. [...] Dans cette cité, où les échanges prennent la forme d'une « ample circulation de générosités nécessaires » [...], la division des tâches est conçue sur le mode de l'entraide au sein de l'unité domestique. »[35] Par la suite, la judiciarisation de l'affaire a provoqué une véritable rupture et les acteurs sont revenus sur ces liens domestiques. La sociologue relève que la période de 1985 à 1991 est empreinte d'un « grand désarroi pour les cliniciens de l'hémophilie, très démunis à la fois vis-à-vis de leurs malades contaminés par leurs prescriptions, vis-à-vis d'un modèle médical qui n'a pas tenu ses promesses, vis-à-vis d'une profession complètement muette sur la catastrophe et enfin vis-à-vis d'une opinion publique qui révise son rapport à la médecine à l'occasion de cette affaire ». En effet, il semblerait que la crise de la contamination soit liée à leur propre méconnaissance des risques. Toutefois, il faut souligner que sans le changement d'échelle imputable à l'industrialisation, la concrétisation de ces risques n'aurait pas pris de telles proportions.

Ainsi, la « crise du Sida » aurait tant modifié la relation médecins-patients qu'elle marquerait l'avènement d'une « modernité thérapeutique » comme une nouvelle manière d'aborder la scientificité et l'éthique de la médecine. Telle est la thèse défendue par Nicolier Dodier[36], sociologue, qui estime que les caractéristiques de cette nouvelle ère sont le passage au paradigme de la tradition clinique à la « médecine des preuves » (*evidence-based medicine*), décrit par Harry Marks[37], historien de la médecine, et à la vigilance institutionnalisée. Cette conception articule une vision « juridicisée » de l'éthique, déplaçant notamment l'autorité des cliniciens vers des instances placées à distance de la pratique quotidienne.

Ce scandale a donc modifié les rapports de force en imputant aux gouvernants une responsabilité plus grande. La dynamique engendrée par un tel renversement est considérable : d'une part, les gouvernants peuvent être tenus responsables, et d'autre part, ils sont *de facto* investis d'une autorité en vertus des attentes de leur action en matière de sécurité sanitaire. Puisque la relation entre patients et médecins n'est plus domestique, c'est à l'État qu'il revient désormais d'être le garant actif de la santé publique.

B. Société civile

Nicolas Dodier[38] avance que la modernité thérapeutique, une fois qu'elle s'est constituée, a été le lieu d'un intense travail politique qui l'a faite évoluer d'une situation « d'enclavement » à une situation de « désenclavement ». Au début des années 1990, les institutions médico-scientifiques s'estiment d'autant plus légitimes qu'elles parviennent à se protéger du monde extérieur, notamment des médias, des associations de malades et des laboratoires pharmaceutiques. Cependant, la mobilisation des associations de défense des malades au cours des années 1980 fait basculer cet équilibre en ouvrant ces institutions.

Le schéma initial de l'action associative demeure classique au départ, dans la mesure où il est déjà mis en œuvre par les patients souffrant de certaines maladies chroniques. Par exemple, les premières associations, telles que Aides, Arcat-Sida ou VLS, se réservent l'aspect « psychosocial » tandis qu'elles délèguent les tâches relevant de la recherche médicale et scientifiques aux spécialistes. Toutefois, au milieu des années 1980, une nouvelle génération d'associations émerge avec un profil très différent en ce qu'elles revendiquent une position politique. Ainsi, Act-Up ou encore Action Traitement dénoncent des dysfonctionnements de la recherche et expriment une demande de transparence vis-à-vis des institutions publiques et des laboratoires pharmaceutiques concernant les essais thérapeutiques. Nicolas Dodier observe que les institutions, dont l'Agence nationale de la recherche sur le Sida, ont répondu à ces revendications de façon certes « très active », mais aussi sur le mode d'une forme « enclavée » en faisant de la pédagogie. Bien que les militants associatifs « entrent dans ce jeu de la pédagogie », ces derniers le déplacent également en sollicitant d'autres avis. Dans cette nouvelle ère, le savoir scientifique n'apparaît donc plus unifié. Il peut faire l'objet de controverses et l'institution de santé n'en est plus l'unique représentante. Cette évolution s'est effectuée de manière implicite à travers l'action et a « révélé » un manque, un mécontentement. On comprend donc que le scandale du sang contaminé est parvenu de lui-même à apporter des réponses à des problèmes qui lui préexistaient bien qu'ils n'en aient pas été la cause principale.

Les conclusions d'Emmanuelle Fillion vont dans le même sens lorsqu'elle étudie de manière précise à quel point l'Association française des hémophiles (AFH) a été entièrement « métamorphosée », reconfigurée par l'affaire du sang contaminé et à travers son engagement dans l'action judiciaire[39]. Elle souligne également que l'association a elle-même participé à la transformation du monde médical contemporain en créant un nouvel espace critique. Celui-ci est à mettre en perspective avec le « militantisme scientifique », décrit plus haut, et la « démocratie sanitaire » récemment promue de manière législative à travers la loi du 4 mars 2002. L'AFH a été créée de manière conjointe par un patient et un médecin, le Professeur Soulier qui cumulait fonctions scientifiques, industrielles et manageuriales. De sa création en 1955 jusqu'à l'affaire, « l'AFH est une association de malades et de médecins, parfaitement conforme au modèle des associations constituées autour des maladies chroniques à cette époque »[40]. Elle correspond au modèle du « paternalisme associatif ». Ce terme a été proposé[41] afin de mettre en avant le fait que ce ne sont plus seulement les médecins qui adoptent une posture paternaliste, mais l'association dans son ensemble, y compris les malades. Une telle alliance permet de « renforcer les liens entre les malades et les médecins pour gérer entre soi (et selon le mode de répartition des rôles et des compétences en vigueur au sein de ces associations) le drame qui affecte les petits mondes de l'hémophilie et du traitement par hormone de croissance. » Il s'agit d'une « gestion à bas bruit » qui vise à protéger les patients d'un double danger : « celui de la stigmatisation et celui de la panique. » Ce modèle explique en partie leur entrée si tardive dans l'action judiciaire. Alors qu'une instruction pénale est ouverte depuis 1988, l'AFH ne porte plainte qu'en 1991. En plus de leur difficulté à obtenir une indemnisation, ce qui a poussé les victimes membres de l'association à s'engager dans l'action judiciaire a été la parution de l'article d'Anne-Marie Casteret démontrant que le Centre national de transfusion sanguine avait choisi de continuer de distribuer des produits qu'il savait contaminés à 100% pour des motifs strictement économiques. Suite à cette plainte, les patients de l'association font évoluer les liens qu'ils entretiennent avec les médecins membres de l'association, et avec le monde de la médecine de manière plus générale, du « modèle de coopération » au « modèle de négociation ». Ainsi, il n'est plus question de déléguer aux médecins spécialistes les questions médicales, mais de faire place à une discussion systématique entre les médecins et les malades sur la balance bénéfices/risques. Ce phénomène marque le début du « militantisme scientifique ». En outre, Emmanuelle Fillion observe que l'on assiste à une redéfinition du statut de la personne malade par l'accroissement de son autonomie. On passe du « malade auxiliaire » au « malade sentinelle ». Alors que dans le cadre de l'hémophilie, les patients étaient habitués à une injonction à la discrétion, puisque selon l'idéologie de l'adaptation qui prévalait sur la scène du handicap[42], « toute forme de revendication identitaire autour de la maladie étant pensée comme appelant en retour la discrimination »[43], ceux-ci ont basculé dans une politique de dénonciation publique.

Afin de comprendre les attentes des parties, il était nécessaire de saisir les implications que celles-ci entraînaient. Ayant exposé l'enjeu politique du scandale du sang contaminé qui s'est résolu par le jeu des forces sociales, nous devons étudier sa portée morale.

II. Portée morale du terme scandale : fonction sociale du droit

C'est en avril 1991 que la journaliste Anne-Marie Casteret publie dans l'hebdomadaire *L'Événement du jeudi* l'article qui fait éclater le scandale[44]. Celui-ci vise à prouver que le Centre national de transfusion sanguine a sciemment distribué à des hémophiles, de 1984 à la fin de l'année 1985, des produits sanguins dont certains étaient contaminés par le virus du Sida. D'après elle : « Il ne faudra plus jamais laisser dire que cette affaire est compliquée. Pour la dizaine de hauts responsables médicaux et ministériels spécialement chargés de la politique transfusionnelle, elle se résume en une phrase : en privilégiant les enjeux économiques au détriment des impératifs de santé publique qu'ils étaient censés défendre, ils ont laissé des personnes qu'ils étaient censés protéger, contracter une maladie mortelle. » Ainsi, dans son article *Du silence au scandale. Des difficultés des médias d'information à se saisir de la question de l'amiante*[45], Emmanuel Henry, sociologue, remarque la netteté de cet extrait, puisqu'il parvient à énoncer les similitudes que partagent l'affaire du sang contaminé, la crise de la vache folle et le scandale de l'amiante : « Pour résumer les similitudes de ces définitions publiques, on peut dire que dans ces trois cas, des victimes innocentes ont été aléatoirement touchées par les actes répréhensibles d'acteurs qui devront être mis en accusation pour des agissements coupables au cours desquels ils ont fait prévaloir des intérêts économiques sur des préoccupations de santé publique ». Nous retiendrons dans cette partie le décalage éthique qui est souligné par ces propos afin d'étudier la portée morale du « scandale ». Celui-ci s'appuie sur trois éléments : l'innocence des victimes qui implique qu'elles ne sont aucunement responsable de leur dommage ; le caractère aléatoire qui pourrait impliquer une difficulté à prouver l'élément moral de l'intentionnalité ; le lien de causalité entre des actes répréhensibles et le dommage ; l'intérêt économique de ces actes privilégié à la santé publique.

Pour le Professeur Claude Huriet qui s'exprime au sujet de la Dépakine, un médicament qui a récemment provoqué un « scandale » : « Un scandale, c'est la survenue du fait de pratiques contraires à la morale, qui suscitent l'émotion et l'indignation. » Il emploie l'expression de « tempête médiatique » pour désigner les réactions qu'a suscitées ce cas qu'il estime ne pas être un « scandale », puisque « les attaques habituelles » à son encontre sont « infondées »[46].

Bien que le « scandale est avant tout une notion politique, les sociologues Damien de Blic et Cyril Lemieux[47] suggèrent que nous pouvons l'aborder sous l'angle de l'anthropologie afin de l'étudier en faisant « le pari, maussien si l'on veut » qu'il constitue, comme la logique du don et du contre-don ou la prière, un phénomène que toutes les sociétés humaines connaissent. L'un des avantages de lui reconnaître une telle forme d'universalité est que le scandale n'est plus « anormal » au sens sociologique : même s'il constitue un moment « peu banal et particulièrement violent de la vie sociale », on peut le considérer comme « normal » dans le mesure où les anthropologues fonctionnalistes tentent de lui attribuer une « fonction » (contrôle social, de hiérarchisation ou de régénération du groupe).

Malgré l'étymologie grecque du terme scandale, *skandalon* (qui désigne une pierre d'achoppement, un obstacle, un piège), ce concept a une origine religieuse. Dans la Bible, il sert à désigner le péché détournant les hommes de Dieu. Plus précisément, dans l'Ancien Testament puis dans le Nouveau Testament, il apparaît plusieurs dizaines de fois en empruntant à la fois au grec *skandalon* et à l'hébreu *mikchôl* (« ce qui fait trébucher ») pour aborder les questions relatives à la faute, à la chute, à l'erreur et au péché. Dans l'affaire du sang contaminé, on ne peut donc que remarquer la pertinence de cette désignation sur la base de cette origine. En plus de la valeur symbolique du sang dans la religion, voire l'interdiction de la transfusion sanguine par certains courants religieux[48], dans ce scandale, nous serions en présence de l'un des sept péchés capitaux : l'avarice.

Le terme latin de *scandalum* s'émancipera progressivement du débat théologique pour désigner, au-delà du blasphème, la réaction qui s'en suit, soit un tapage, un esclandre, une indignation collective. D'après Hervé Rayner[49], politiste, chaque scandale obéirait à un cycle décomposable : « outrage, sanction, rédemption ». Il ajoute que cette conception religieuse reste très prégnante, « au point que nombre de sociologues et d'anthropologues vont interpréter le scandale dans un sens (une signification et une direction) proche du cycle biblique : faute, sanction, rédemption. » Ainsi, dans une perspective fonctionnaliste et proche de la sociologie des religions, des auteurs se réclamant d'Émile Durkehim conçoivent le scandale comme « un rite expiatoire capable de ressouder la collectivité auteur de ses valeurs sacrées, suivant le cycle sacralisation, pollution, purification ». Le phénomène du scandale remplirait une fonction salutaire de régulation sociale en réaffirmant les règles nécessaires à la vie collective. Hervé Rayner estime que le scandale « acquiert une vertu pédagogique puisqu'il montre à tous que la transgression ne paie pas, il permet de condamner publiquement le coupable, de réparer l'offense et, ainsi, de restaurer les normes bafouées et de préserver l'intégrité de la communauté ».

Dans l'affaire du sang contaminé, on a certes assisté à une condamnation publique à travers les médias, mais d'une part, ceux-ci n'ont pas de pouvoir de sanction, et d'autre part, le droit qui est l'instance en mesure d'exercer une telle prérogative, ne l'a pas fait. Nous pouvons donc questionner l'achèvement du cycle du scandale tel que décrit ci-dessus. Dans ce contexte, la portée morale du scandale serait largement atténuée, puisque l'on ne serait pas parvenu aux étapes de « rédemption », voire de « purification ». En outre, des scandales similaires ont éclaté par la suite et continuent d'éclater encore aujourd'hui bien que « les règles nécessaires à la vie collective » ont été réaffirmée de manière publique, mais non-judiciaire ou législative (la loi n'ayant pas légiféré sur la « transgression morale » elle-même, sur le « péché d'avarice »). Si la justice ou la loi avait clos le « cycle », la situation aurait peut-être été différente.

Hervé Rayner souligne par ailleurs que le terme scandale conserve « sa polysémie fondamentale en désignant à la fois la faute (le fait scandaleux) et sa sanction (la réaction indignée) ». Il ajoute que « cette confusion occulte le fait, ô combien décisif, que la sanction ne va pas de soi ». Lors de notre examen des scandales postérieurs à l'affaire du sang contaminé, en particulier dans l'affaire de l'amiante dont le volet judiciaire n'est toujours pas clos, nous observerons qu'en effet, la responsabilité, en particulier la responsabilité juridique, voire pénale, est un point primordial dans le « désaccord » entre les « personnes concernées », pour reprendre la définition par Habermas de l'éthique de la discussion. Le scandale semble révéler des attentes autant que les amplifier, voire les engendrer. Le « scandalisé » s'attend à ce que la société, sous sa forme institutionnalisée, reconnaisse sa réaction, qu'il l'écoute et l'entende.

A. Du scandale à l'affaire

Il convient également de distinguer le scandale de l'affaire. Le scandale reposerait fondamentalement sur un « acte de langage » (« *speech-act* »)[50] : il exige que l'expression d'une désapprobation de la part d'un public soit audible. Dans cette perspective, étudier un scandale revient à s'intéresser à ce que Luc Boltanski[51] désigne comme une « proposition d'engagement » et qui équivaut à l'indignation appelant une réponse, une suite. Ce n'est pas dans le contexte sanitaire mais dans celui de l'humanitaire que ce sociologue élabore sa réflexion à partir de la question suivante : « À quelles conditions le spectacle de la souffrance à distance (par médias interposés) est-il moralement acceptable ? » Bien que les cas que nous étudions à travers cet ouvrage sont plus proches de leur public, tant en termes de géographie que parfois de virtualité, nous estimons retranscrire certains des éléments qu'il mobilise dans son ouvrage à notre domaine d'étude.

Dans *La souffrance à distance*[52], Luc Boltanski effectue ce qu'il décrit comme « une reconstitution analytique des catégories morales qui peuvent être mobilisées pour faire face au problème de la diffusion par les médias de représentations de souffrances réelles mais à propos desquelles le spectateur ne peut pas directement intervenir parce qu'elles ont lieu dans des espaces très éloignés de son champ d'action ». Afin de construire son raisonnement, il s'appuie principalement sur deux auteurs, Adam Smith et Hannah Arrendt. Dans la *Théorie des sentiments moraux*[53], Adam Smith développe l'idée d'une théorie morale basée sur la capacité d'un spectateur non-engagé à imaginer la souffrance d'un malheureux sans endurer celle-ci. Hannah Arrendt fait quant à elle intervenir ce qu'elle appelle dans son *Essai sur la révolution*[54] une « politique de la pitié » qui servirait de fondement à l'obligation politique de venir en aide à ceux qui souffrent. À partir de ces deux théories, Luc Boltanski distingue deux « topiques », terme qu'il a emprunté à la rhétorique qui les définit comme « la théorie des « lieux » ou des « lieux communs », c'est-à-dire des classes générales dans lesquelles peuvent être rangés tous les arguments ou développements dont la connaissance forme par suite une sorte de répertoire facilitant l'invention »[55] et qu'il déclare pour sa part concevoir comme « des registres de description permettant de transporter à quelqu'un d'autre la représentation de la souffrance et, en même temps, les sentiments qu'elle vous a inspiré ». La première topique est la « topique de l'accusation, ou de la dénonciation ». Elle relève du registre descriptif et correspond chez Adam Smith à la réaction de sympathiser positivement avec la victime et négativement avec le persécuteur. C'est alors l'indignation qui domine le public. La seconde topique qu'il met en exergue est la « topique du sentiment » dans le cas où le public laisse de côté le persécuteur et sympathise avec la victime, mais également avec le bienfaiteur qui lui vient en aide. Si l'on transpose ces deux topiques aux crises sanitaires, on constate que la réponse du droit aux scandales sanitaires, c'est-à-dire le traitement législatif ou judiciaire, peut généralement être assimilé à la seconde topique dans la mesure où elle se concentre sur l'indemnisation. Au contraire, la réaction des « personnes concernées » et des médias relève majoritairement de la première topique, leur discours faisant souvent intervenir ceux qu'ils estiment responsables du fait scandaleux. Nous ne nous intéresserons pas ici à la troisième topique que Luc Boltanski développe, la « topique esthétique », parce qu'elle n'est pas transposable aux affaires sanitaires.

Nous retiendrons également de sa théorie une distinction qu'il établit dans son ouvrage *L'amour et la justice comme compétences*[56]. Il y élabore une matrice à quatre régimes d'action en distinguant d'une part les « régimes de paix » et les « régimes de dispute » ; et d'autre part, les régimes dans lesquels les équivalences sont « actives » et ceux où elles sont « désactivées ou tacites ». Parmi les régimes de dispute, il distingue encore le « régime de justice » dans lequel les équivalences sont activées ; du « régime de violence » dans lequel elles ne le sont pas. Parmi les régimes de paix, il oppose les « régimes de routine » où les équivalences sont bien présentes sans être activées de façon explicite et discursive comme dans les régimes de justice ; au « régime d'agapé ». La notion d'agapé, centrale dans la théologie chrétienne, se construit par opposition à la justice, qui repose sur la possibilité d'un calcul. En se référant à l'ouvrage de Kierkegaard, *Les œuvres de l'amour*[57], fondé sur une interprétation du précepte du Décalogue « Tu dois aimer ton prochain », Luc Boltanski relève que l'une des propriétés de ce régime est la manifestation d'une préférence pour le présent. À cet égard, il précise que : « Les équivalences étant mises à l'écart, le passé n'est pas retenu sous forme de dette et est faiblement mémorisé. (…) Pourquoi le passé va-t-il être faiblement retenu ? Parce que, le calcul étant mis à l'écart, les récriminations visant à se faire rendre justice ne peuvent se former. La justice est toujours rétrospective, la justice, elle regarde en arrière. Dans l'agapé, les personnes sont installées dans le présent sans chercher à contrôler constamment quels sont les gains ou des pertes de chacun. »

Sur la base de cette grille de lecture proposée par Luc Boltanski, nous pouvons interpréter l'affaire du sang contaminé de la manière suivante : *De jure*, il s'agirait d'un régime d'agapé, parce que le droit français élude certaines équivalences telles que la responsabilité pénale ; *De facto*, elle relève d'un régime de violence, puisqu'il s'agit d'une dispute où les équivalences sont désactivées. *De lege feranda*, nous pouvons suggérer le basculement vers un régime de justice dans lequel les équivalences pourraient être disputées, puisque c'est ce que le « public » du scandale demande. Ce dernier élément sera particulièrement illustré par l'affaire de l'amiante et l'on retrouvera le même genre de revendications judiciaires dans les scandales sanitaires ayant émergé en 2016.

B. Volet indemnitaire

Le 31 décembre 1991, une loi est adoptée afin d'indemniser les personnes contaminées par le virus du Sida au cours d'une transfusion sanguine[58]. Il s'agit de l'indemnisation de « l'aléa thérapeutique » qui ne se rattache pas à la responsabilité pour faute. Cette indemnisation est accordée après une procédure particulière auprès d'un Fonds d'indemnisation qui est supporté par le budget de l'État. S'agissant du financement, soulignons que dans un premier temps, les pouvoirs publics avaient obtenu la création d'un Fonds d'indemnisation privé exclusivement alimenté par les assureurs, donc par les assurés, à travers une augmentation prévue de l'ensemble des primes d'assurances. Toutefois, les pressions des associations de victimes ont conduit à un autre mécanisme. C'est donc un régime spécial de responsabilité administrative qui est adopté et une « garantie sociale »[59] qui est instituée. Le juriste Jean-Michel de Forges[60] relève que ce choix n'allait pas de soi, car un tel régime est généralement mis en place à l'occasion de calamités naturelles ou de dommages de guerre. En matière médicale, il n'est pas volontiers retenu, en raison de la crainte de déresponsabiliser le corps médical. C'est d'ailleurs pour cela que les victimes ne sont pas tenues de s'adresser au Fonds d'indemnisation créé par la loi et qu'elles peuvent également agir selon les règles classiques de la responsabilité civile, voire pénale, et entamer une procédure contre ceux qu'elles estiment responsables. À titre d'exemple, les juges ont souvent condamné des organismes privés sans exiger la preuve d'une faute et leurs décisions s'appuient sur une responsabilité automatique du « fournisseur » de sang fondée sur l'idée que tout fournisseur d'un produit doit livrer un produit exempt de vice. Ainsi, le passage par le droit de la consommation facilite l'action judiciaire, puisqu'elle inverse la charge de la preuve, ce qui n'est pas possible en droit pénal.

En outre, sur le plan international, on peut noter que des laboratoires pharmaceutiques ont conclu des accords afin de verser des indemnités à des plaignants les accusant d'avoir sciemment écoulé des produits sanguins qui leur auraient inoculé le virus du Sida, principalement entre 1978 et 1985, alors que les procédés permettant de décontaminer ces produits existaient selon eux. Le groupe allemand Bayer et l'américain Baxter sont notamment concernés et ceux-ci ont confirmé l'accord sans vouloir en révéler ni le montant de l'indemnisation ni le nombre de personnes en bénéficiant. Pour autant, un représentant du groupe Bayer a déclaré que « l'entreprise ne reconnaît aucune responsabilité dans cette affaire » et continue d'affirmer « qu'il a toujours agi de façon responsable et éthique »[61]. Des procédures pénales ont également été intentées contre les responsables de ces laboratoires à l'époque, par exemple en Italie.

La question de la responsabilité et de l'indemnisation sont intrinsèquement liées. En effet, nous constaterons à travers notre étude que plusieurs acteurs sont susceptibles d'être désignés pour réparer les dommages subis par les victimes : l'État, les industriels et parfois, le corps médical. La question indemnitaire implique de s'interroger sur le dommage lui-même et sur son « prix » : Préjudice physique et/ou moral ? Uniformiser le barème ? Regrouper les procédures ? De tels choix font intervenir l'éthique dans la mesure où ils supposent de prendre position sur la manière dont l'individu est considéré par la société et au sein de celle-ci. À combien estime-t-on une vie perdue ? Une vie altérée ? Une vie inquiète ? Faut-il prendre en considération les spécificités individuelles ? En outre, dans une perspective comparative, nous pouvons souligner la différence qui existe entre les systèmes de droit civil et de *common law*, en particulier dans le cas du système indemnitaire américain où les dommages et intérêts peuvent atteindre des sommes considérables[62], ce qui contraint les laboratoires à conclure des accords, pratique qui pourrait s'interpréter comme une reconnaissance de responsabilité tacite, ou du moins perçue comme telle par le « public ».

C. Volet judiciaire

La primauté chronologique du scandale est nécessaire à l'affaire qui n'en est que l'une des évolutions possibles. Elisabeth Claverie[63], anthropologue, a formalisé une distinction entre le scandale et l'affaire à partir de l'identification d'au moins trois évolutions possibles de la dénonciation publique d'une faute selon des paramètres actanciels : soit le scandale est confirmé, « avéré », car il est unanimement demandé que le coupable désigné soit puni ; soit le scandale n'est pas reconnu, car on ne reconnaît pas le caractère fautif de ce qui a été dénoncé ; soit le scandale se transforme en affaire à travers le retournement de l'accusation scandaleuse contre l'accusateur par l'accusé ou l'un de ses alliés. Dans le cadre des scandales sanitaires, la première hypothèse consisterait en une reconnaissance de responsabilité complète de la part de l'auteur, un « aveu », ainsi qu'une indemnisation déterminée et complète qui ne puisse pas faire l'objet d'autres stratégies à l'encontre d'autres acteurs, puisque la responsabilité n'est pas partagée. Ce serait par exemple le cas d'un État qui reconnaît unilatéralement sa carence en matière de prévention en exonérant les industriels, ou à l'inverse, dans une perspective libérale du marché de la santé, des industriels maîtrisant entièrement cette « industrie ». La seconde configuration ne nous intéresse pas, car aucun des cas que nous étudions dans cet ouvrage ne pourrait y correspondre dans la mesure où les dommages ont toujours été avérés et l'opinion publique a toujours reconnu le caractère « scandaleux » de ces cas sans renoncer à son « jugement » de valeurs. L'impact médiatique suscité par ces scandales témoigne de cela. Dans la dernière configuration, le public tend à se séparer en deux camps et malgré leur possible inégalité en nombre, ceux-ci manifestent une rupture publique d'unanimité. Ce moment de rupture, de transformation sociale implique une indétermination. Judiciairement, en droit pénal, nous pouvons nous référer au respect des droits de la défense et notamment à la présomption d'innocence qui constitue l'autre camps, qui n'accuse certes pas l'accusateur, mais qui lui demande au moins de prouver ce qu'il avance en accordant la présomption d'innocence à l'accusé. Dans un État de droit qui reconnaît et garantit les droits de la défense, il ne peut donc exister de « scandales avérés » avant que ne soit prononcé un jugement reconnaissant la culpabilité de l'accusé. Avant la décision judiciaire, dès lors qu'une procédure est entamée, il n'existe donc que des « affaires », puisque l'auteur du fait scandaleux, accusé par un camp et présumé innocent par l'autre, a au moins le droit de son côté jusqu'à ce qu'il ne soit reconnu coupable par celui-ci. Nous devons néanmoins nuancer la formalisation d'Elisabeth Claverie en soulignant son caractère idéaltypique, car les formes qu'elle décrit ne se rencontrent jamais de manière aussi pure. En outre, dans les cas que nous étudions, lorsque la justice a tranché, elle l'a fait sur l'identification de l'accusé du fait scandaleux comme l'auteur de celui-ci et ne s'est pas prononcée sur la faute dénoncée en elle-même. En effet, la justice n'a pas répondu à la question de la transgression des valeurs, mais à celle de la responsabilité. Plus précisément, elle ne s'est pas intéressée au « péché d'avarice », tel que nous l'avons décrit plus haut. Le fait qu'il n'existe pas de normes spéciales en droit de la santé publique s'appliquant à ces affaires semble alors poser problème dans une perspective de cohésion sociale à travers le règlement moral de ces scandales. Nous pourrions formuler l'hypothèses que les juges disposaient de la flexibilité de leurs ressources juridiques qui leur aurait permis de se prononcer de manière implicite sur le caractère transgressif du « fait », à défaut de pouvoir parler de « faute ». Or, ceux-ci ont préféré s'abstenir de toute considération d'ordre moral. Le législateur n'a pas non plus pris l'ampleur de de cette indignation morale afin de la retranscrire dans le droit positif sous la forme d'une norme. Dans une démarche éthique, nous pouvons donc nous interroger sur l'incrimination *per se* du fait de privilégier des intérêts financiers à des intérêts de santé publique.

Une fois que la justice s'empare du scandale, qu'elle le transforme en affaire et instantanément en cas judiciaire, celui-ci prend la forme d'une conflictualité réglée et adopte une structure triadique, le juge s'ajoutant comme un tiers à la relation entre l'accusé et l'accusateur. D'après George Simmel, « la triade en tant que telle engendre trois formes typiques de regroupement. »[64] Ces trois formes sont celles : du juge impartial et du médiateur ; du *tertius gaudens* qui fait « de l'action réciproque entre les parties et lui-même un moyen au service de ses fins propres » ; et du *divide et impera* : « le tiers qui suscite la querelle intentionnellement pour acquérir une position dominante ». Dans le contexte des affaires de santé publique, c'est la première figure qui nous intéresse. Au sujet du tiers médiateur, Simmel précise que son objectif est de parvenir à lier les parties au-delà de leurs différences ou antagonismes individuels. À cette fin, il suggère que ce tiers intervienne en transformant des énergies subjectives en une forme objective :

« En termes psychologiques, il s'agit de réduire la forme volontaire de l'antagonisme à sa forme intellectuelle : la raison est partout le principe de la réconciliation, sur son terrain on peut réunir ce qui reste inconciliable sur le terrain du sentiment et de la décision ultime de la volonté. La tâche du médiateur consiste donc à amener cette réduction, à la représenter en quelque sorte en sa personne, ou encore : à constituer une sorte de station centrale qui, quelle que soit la forme sous laquelle la matière du conflit y entre d'un côté, ne la restituera de l'autre côté que sous une forme objective, et gardera tout ce qui en outre entretient inutilement le conflit mené sans médiation. » Cependant, à cette conception rationaliste qui est celle de la jurisprudence et qui ne satisfait pas la partie « accusateurs » des cas que nous nous proposons d'étudier, nous pouvons opposer une autre éthique de la justice qui prête une considération aux subjectivités en présence et se prononcent sur leurs revendications.

1. Volet non-ministériel : La voie du droit de la consommation

C'est en 1988 que les premières plaintes qui ne sont pas classées sans suite dans l'affaire du sang contaminé entraînent une instruction pénale. Le 23 octobre 1992, devant le tribunal correctionnel, puis en appel le 13 juillet 1993, quatre médecins, dont l'ancien directeur du Centre national de transfusion sanguine, Michel Garretta, sont jugés pour tromperie et non-assistance à personne en danger. En première instance, sont condamnés : Jean-Pierre Allain, responsable au Centre national de transfusion sanguine du département recherche et développement jusqu'en 1986, à quatre ans de prison dont deux avec sursis ; Jacques Roux, ancien directeur général de la santé à quatre ans de prison avec sursis ; Michel Garretta à quatre ans de prison ferme et 500 000 francs d'amende. Robert Netter, ex-directeur du laboratoire national de la santé, est quant à lui relaxé. En appel, la peine de Jacques

Roux est réduite à trois ans de prison avec sursis, les peines de Michel Garretta et Jean-Pierre Allain sont confirmées, et Robert Netter cette fois est condamné à un an de prison avec sursis. Le 22 juin 1994, la Cour de cassation confirme l'arrêt de la Cour d'appel et rejette le pourvoi formé par Jean-Pierre Allain.

En France, la mise sur le marché d'un produit défectueux et potentiellement nocif pour la santé des personnes est a priori susceptible de correspondre à plusieurs qualifications pénales : empoisonnement[65] en présence de substances de nature à entraîner la mort ; administration de substances nuisibles[66] en présence de substances non mortifères ; violences ou homicides involontaires[67] en l'absence de volonté du résultat ou encore mise en danger délibérée d'autrui[68] en l'absence de tout résultat mais en présence d'un risque de mort ou de blessures d'une particulière gravité. L'affaire du sang contaminé a mis en avant les limites de ces qualifications.

Les poursuites pour homicides et blessures involontaires ont abouti à un non-lieu, principalement parce que le lien de causalité a fait défaut. S'agissant de l'administration de substances nuisibles, de l'empoisonnement et complicité d'empoisonnement, c'est l'élément intentionnel qui a manqué. Ces infractions requérant un « dol spécial », c'est-à-dire une intention particulière, il faut démontrer que l'auteur a agi avec la conscience et la volonté de porter atteinte à l'intégrité physique d'autrui, et pour l'empoisonnement, il faut démontrer qu'il a agi avec l'intention de donner la mort. C'est l'absence de cet *animus necandi* qui a donc justifié le non-lieu des chefs d'empoisonnement et complicité d'empoisonnement dans l'affaire du sang contaminé, les juges ayant estimé que l'intention de tuer n'avait pu être caractérisée en raison de l'absence de preuve de la connaissance des mis en examen du caractère nécessairement mortifère des lots du Centre national de transfusion sanguine, justifiée par les incertitudes régnant encore à l'époque dans les milieux médicaux quant aux conséquences mortelles du Sida.

Dans le cadre des affaires sanitaires, le champ de l'homicide involontaire et des blessures involontaires a été réduit par la loi dite « Fauchon » de 2000. Désormais, il faut démontrer que l'intéressé a commis une « faute caractérisée » ou une « violation manifestement délibérée d'une obligation de prudence ou de sécurité ». Il faut démontrer le « lien de causalité », c'est-à-dire que le dommage est directement lié au fait générateur. Dans le volet non-ministériel de l'affaire du sang contaminé, c'est cette incertitude « sur l'existence d'un lien de causalité entre les fautes reprochées et le dommage, les manquements des responsables des cabinets ministériels, des membres du Centre national de transfusion sanguine et du directeur du Laboratoire national de la santé »[69] qui a justifié un non-lieu des chefs d'homicides et blessures. Bernard Fau, avocat spécialiste des affaires de santé publique qui a défendu les victimes de l'hormone de croissance, constate que l'on parvient rarement à démontrer le lien de causalité dans de telles affaires. D'après lui, « cette restriction a été votée pour protéger les élus, mais aussi parce que beaucoup d'esprits sont réticents à l'idée d'une sanction pénale pour des actes involontaires : ils rechignent à mettre en cause pénalement ceux qui n'ont jamais voulu le résultat qui s'est produit. »[70]

La difficulté de prouver le lien de causalité entre la pathologie et les faits reprochés découle en partie du temps qui s'écoule entre l'exposition au risque et les premiers symptômes. En effet, les personnes exposées à l'amiante, celles qui ont été traitées à l'hormone de croissance, celles qui ont subi les retombées radioactives de Tchernobyl ou qui ont été vaccinées dans des conditions reprochables ont mis cinq, parfois dix ans à développer des cancers, la maladie de Creutzfeldt-Jakob, des pathologies de la thyroïde ou des scléroses en plaques. Nous pouvons donc questionner le manque d'adéquation entre les incriminations disponibles en droit et les situations factuelles des victimes. Si celles-ci se sont dans un premier temps dirigées vers l'homicide involontaire et les blessures involontaires, ce n'est pas sans raison. Seules ces incriminations faisaient écho à leur perception des faits, seules celles-ci parvenaient à retranscrire l'ampleur de leur dommage, leur perception subjective de la « vérité ». Au contraire, pour des raisons probatoires et de prescription, c'est par la voie du droit de la consommation qu'ont été traitées ces affaires. D'un point de vue symbolique, cela entraine une frustration et d'un point de vue éthique, nous pouvons suggérer que ces « normes » ne respectent pas l'éthique de la discussion. L'aspect « véridicatoire » du droit pénal a en partie été laissé de côté, puisqu'il est fait abstraction de la notion de « vérité ».

En outre, dans ces affaires, le lien de causalité doit être analysé de manière individuelle. Cela implique des coûts extrêmement élevés et seul le droit pénal est gratuit pour les victimes. Bernard Fau défend la mise en place d'une « procédure qui n'aurait pas vocation à rechercher des culpabilités, mais à faire l'état des lieux » afin de permettre aux victimes d'accéder aux preuves et d'obtenir réparation[71]. Dans le cadre d'un dommage collectif, la victime se trouve dans l'incapacité d'accéder seule aux éléments de preuve auprès des administrations, décideurs publics ou entreprises, d'où la nécessité d'une procédure d'instruction pénale ayant pour mission « d'établir la vérité ». Seul un juge d'instruction dispose des moyens juridiques permettant d'accéder aux éléments de preuve, puisqu'il peut notamment interroger les personnes qui ont participé à la chaîne de décision, saisir les archives des grands décideurs, des ministres, des industriels ou des agences de santé.

S'agissant de cette recherche de preuves qui s'avère extrêmement difficile si l'on s'en tient à une procédure civile, nous observons que le prochain projet d'action collective préparé à Bercy et qui sera soumis au Parlement en avril 2017 exclut explicitement les problèmes sanitaires. À cet égard, Yves Utzschneider, avocat chez Gide Loyrette Nouel remarque que : « Il n'y a pas de vraie alternative à la voie pénale et réformer l'action de groupe sans réformer le droit de la preuve ne mènerait d'ailleurs pas bien loin. »[72]

Dans l'affaire du sang contaminé, les avocats ont par conséquent opté pour l'infraction de « tromperie aggravée sur la qualité ». Celle-ci a été conçue par le droit de la consommation et il a alors été question d'un « délit d'épicier ». Bernard Fau souligne que cela soulève la question de savoir si la santé publique est un bien de consommation. Le Conseil d'Etat, puis la Cour de cassation, ont répondu de manière affirmative. Georges Holleaux, avocat qui a gagné le premier procès du sang contaminé pour les associations d'hémophiles, estime que « il ne faut pas tout rendre pénal et qu'il faut être raisonnable »[73]. En effet, grâce à son action fondée sur la tromperie, il est parvenu à faire condamner le docteur Garetta à quatre ans de prison ferme. Celui-ci ajoute que : « Il faut bien distinguer entre ce qui relève du risque sériel[74] et ce qui relève du crapuleux. On ne juge pas une époque au pénal. » En effet, s'agissant des risques sériels, la loi sur les droits des malades de 2002 a créé des commissions régionales de conciliation et d'indemnisation des actes médicaux (CRCI). Elles séparent ainsi l'indemnisation de la recherche de culpabilité. Celles-ci ont depuis divisé par deux les contentieux en matière médicale.

Nous pourrions analyser la démarche qu'il décrit dans le cadre théorique posé par Max Weber qui distingue l'éthique de conviction et l'éthique de responsabilité[75]. Alors que la première position consiste à régler son action sur des valeurs sans prendre en considération les conséquences, la seconde est une démarche pragmatique qui ajuste les moyens à la fin. En optant pour la voie du droit de la consommation, nous pouvons considérer que c'est la fin qui a été privilégiée et qu'aux yeux de certains, la reconnaissance d'une culpabilité, certes amoindrie en termes d'importance, valait mieux qu'aucune reconnaissance.

En raison de cette difficulté probatoire en matière de responsabilité civile du fait des produits défectueux, afin de faciliter la preuve au profit des victimes, la Cour de cassation recourt parfois au mécanisme de la présomption en permettant aux juges de se contenter d'une probabilité suffisante de causalité. Tel fut le cas dans l'affaire du vaccin contre l'Hépatite B : la Cour de cassation a admis dans un contexte d'incertitudes scientifiques qu'il soit possible de prouver le lien de causalité entre le vaccin et l'apparition de la sclérose en plaques en recourant à des présomptions pourvu que celles-ci soient « graves, précises et concordantes ». Toutefois, la chambre criminelle a clairement refusé toute transposition de cette présomption de causalité en matière pénale dans l'affaire Tchernobyl. Saisie d'un pourvoi à l'encontre de l'arrêt de la chambre de l'instruction qui avait confirmé le non-lieu des chefs d'homicides et blessures involontaires pour défaut de certitude du lien de causalité entre l'apparition de cancer de la thyroïde chez les victimes et le passage en France du panache radioactif de Tchernobyl, l'un des moyens au pourvoi faisait valoir que « le lien de causalité entre les actes reprochés et la pathologie présentée par un patient peut être déduit non seulement de la preuve positive de l'imputabilité auxdits actes, mais encore de l'impossibilité d'imputer cette pathologie à une autre cause que l'exposition au risque résultant des actes reprochés ». Cet argument a été rejeté et la chambre criminelle a approuvé la chambre de l'instruction d'avoir confirmé le non-lieu, en raison de l'impossibilité « en l'état des connaissances scientifiques actuelles, (...) d'établir un lien de causalité certain entre les pathologies constatées et les retombées du panache radioactif de Tchernobyl ».

2. Responsabilité politico-pénale : « Responsable mais pas coupable »

Alors que la protection de la santé a longtemps fait l'objet d'une relation exclusivement bilatérale entre le médecin et son patient, avec l'affaire du sang contaminé, on assiste à l'implication de la responsabilité des pouvoirs publics au plan pénal. Didier Tabuteau observe que cette tendance n'a fait que se renforcer depuis, sans pour autant atteindre un tel degré, en raison d'une évolution de la nature des risques. Selon cer dernier : « le secteur de la santé n'échappe pas à la règle selon laquelle la sécurité est la première des missions régaliennes. »[76] Désormais, l'État doit faire face aux « menaces épidémiques, bioterroristes, environnementales » qui pèsent sur la population. Cette responsabilité de l'État en matière de santé publique a été inscrite dans le Code de la santé publique par la loi du 4 mars 2002 et confirmée par la loi du 9 août 2004[77]. Cependant, s'agissant du plan pénal de la responsabilité des dirigeants, que la loi constitutionnelle du 27 juillet 1993 permet par l'instauration d'une juridiction compétente pour juger les crimes ou délits commis par les membres du gouvernement dans l'exercice de leurs fonctions, nous soulignerons que les autres plaintes qui ont été déposées devant la Cour de justice de la république pour des affaires de santé publique (amiante, « vache folle », hépatite C) n'ont pas abouti. Néanmoins, malgré les décisions de relaxe, dispense de peine, non-lieu et classement sans suite qui ponctuent ces différentes affaires, Dominique Viriot-Barrial[78] observe que la Cour ne joue pas qu'un rôle symbolique mais réel dans la mesure où, en particulier dans l'affaire du sang contaminé, « elle a entraîné une véritable prise de conscience des pouvoirs publics et politiques en matière de sécurité sanitaire ». Afin d'appuyer son propos, le juriste pénaliste se réfère notamment à la loi du 1er juillet 1998 renforçant la veille sanitaire et le contrôle de la sécurité sanitaire des produits destinés à l'homme[79] qui crée diverses institutions telles que le Comité national de la sécurité sanitaire et l'Institut de veille sanitaire ; ou encore au livre blanc sur la sécurité sanitaire des aliments adopté par la Commission européenne le 12 janvier 2000.

C'est une dizaine d'années après le début du scandale que la juge Marie-Odile Bertella-Geffroy clôt son instruction, en mai 1999. Elle met alors en examen sept individus pour empoisonnement et vingt-trois pour homicides involontaires. En juillet 2002, la Cour d'appel de Paris rend un non-lieu général dans le volet non-ministériel de l'affaire du sang contaminé que la Cour de cassation confirme. Sa décision s'appuie principalement sur la loi dite « Fauchon » du 10 juillet 2000 qui modifie le Code pénal en exigeant un niveau très élevé de preuves afin de poursuivre les délits non intentionnels.

Lorsque l'Assemblée nationale adopte cette loi, certains s'inquiètent déjà de son impact sur le volet judiciaire de l'affaire du sang contaminé. Olivier Duplessis, alors président de l'Association française des transfusés, écrit ainsi une lettre à François Hollande, à l'époque président du PS, pour dénoncer une loi qui « instaure une justice à deux vitesses en faveur des hauts responsables, en particulier politiques, pénalisant les acteurs subalternes donc les fautes, bien que *directes*, ne sont souvent que les conséquences impuissantes des acteurs dits *indirects* ».

Le 17 juillet 1998, la commission d'instruction de la Cour de justice de la république confirme le procès de trois membres du gouvernement français pour homicides involontaires. L'accusation repose sur le fait qu'au printemps 1985, le gouvernement français aurait occulté l'urgence sanitaire en retardant le dépistage systématique des donneurs de sang, alors qu'un test américain était disponible et de bonne qualité. Cette décision aurait visé à favoriser les intérêts économiques nationaux à la demande de Diagnostics Pasteur, le groupe français dont l'avenir dépendait de son accès au marché des tests, puisqu'il était dans une situation financière délicate. Laurent Fabius, ancien Premier ministre, et Georgina Dufoix, ancienne ministre des Affaires sociales, sont alors poursuivis pour la mort de trois personnes et la contamination de deux autres. Ceux-ci sont ensuite relaxés par jugement de la Cour. Edmond Hervé, ancien ministre, est quant à lui poursuivi pour les mêmes faits et pour deux autres décès et il sera acquitté pour cinq chefs d'inculpation sur sept, mais condamné par la Cour de justice de la république pour les deux autres : manquement à une obligation de sécurité ou de prudence. Il est cependant dispensé de peine, car selon la Cour, « il n'a pu bénéficier totalement de la présomption d'innocence » et « il a été soumis, avant jugement, à des appréciations souvent excessives »[80].

À la suite de ces décisions, Georgina Dufoix déclare le 4 novembre 1991 sur le plateau de TF1 : « Je me sens profondément responsable ; pour autant, je ne me sens pas coupable, parce que vraiment, à l'époque, on a pris des décisions dans un certain contexte, qui étaient pour nous des décisions qui nous paraissaient justes. » Son propos a ensuite été résumé par une formule désormais célèbre : « Responsable mais pas coupable ».

Conclusion

Au sujet de l'affaire du sang contaminé, la philosophe Blandine Kriegel écrit : « L'épidémie de Sida qu'a connue la société française et l'évolution qui lui a été propre de la tragédie au scandale ont constitué un moment douloureux, une crise de conscience où sont entrées en résonance toutes les lignes de fragilité de notre communauté. La crise a été également sociale, médicale, administrative et politique.»[81] Malgré la série de métamorphoses que ce scandale a opérées, nous pouvons relever une contradiction majeure. Alors que les malades ont été indemnisés et qu'ils semblent avoir gagné en autonomie, que désormais, ceux-ci font preuve d'un militantisme scientifique et qu'ils se sont émancipés d'une relation strictement paternaliste vis-à-vis des médecins, il demeure que leur exigence s'étend au-delà de ces aspects concrets. Le 18 novembre 2014, dans l'enceinte du Conseil économique et social à Paris, une commémoration est organisée par l'Association française des hémophiles[82]. Edmond-Luc Henry, alors président de l'association, y déclare : « Nous ne sommes pas ici pour désigner des coupables. Beaucoup de choses ont été dites lors du procès de 1992. Même s'il est vrai que beaucoup de victimes ont encore un goût d'inachevé. Car il est évident que certains responsables ministériels connaissaient les risques et n'ont rien dit et rien fait. » Il apparaît donc que les équivalences, telles que Luc Boltanski les désigne, n'ont pas toutes été activées. En outre, Jean-Paul Teissonnière[83], avocat des victimes de l'amiante, note que « le marché ne peut pas réguler le risque » et que « l'indemnisation et le système assurantiel diluent la responsabilité » en omettant la « fonction anthropologique du droit pénal ».

Partie 2.
L'affaire de l'amiante : Une crise aux dommages réparés, mais un drame aux responsabilités méconnues.

Le Sénat retient le terme de « drame » pour désigner l'affaire de l'amiante dans le titre de son rapport[84]. Il avait certes fait apparaître ce terme à propos du sang contaminé[85], mais il l'octroie généralement aux catastrophes engendrées par des causes naturelles, tempête[86] ou canicule[87]. L'étymologie du terme de « drame » est grecque (« *drama* ») et désigne une action jouée sur scène, une pièce de théâtre. Nous pouvons retenir l'aspect narratif de cette notion, puisque la « vérité » constitue l'« équivalence » que les victimes revendiquent et que la justice française semble leur refuser.

Présentation de l'affaire

Près de cinquante ans après les faits ayant donné lieu à l'affaire de l'amiante et vingt ans après sa résolution législative (son interdiction par la loi du 1er janvier 1997[88]), les survivants des « morts empoisonnés »[89] continuent de marcher autour du palais de justice de Dunkerque dans un silence[90], pouvant à la fois évoquer le deuil et la prière. Ceux-ci exigent que les responsables des décès de leurs proches répondent devant la justice pénale d'homicides et blessures involontaires. Depuis 2004, ce qu'ils demandent, c'est une « justice contre l'oubli », puisqu'ils bénéficient d'indemnisations par le biais du Fonds d'indemnisation des victimes l'amiante (FIVA)[91].

Alors qu'au Ier siècle déjà, Pline l'Ancien mentionne les dangers de cette fibre cancérogène chez les esclaves romains[92], ce n'est qu'en 1906 que les premiers cas de fibrose sont découverts chez les ouvriers des filatures en France[93] et en 1945 que l'amiante y est reconnue comme source de maladie professionnelle, l'asbestose. Responsable de de 10 à 20% des cancers du poumon et de 85% des mésothéliomes[94], l'amiante a causé la mort de 40 500 personnes en France depuis 2004. Chaque année, ce sont 3 000 personnes qui succombent aux suites de cette contamination et l'on estime à 100 000 le nombre décès provoqués par l'amiante d'ici 2050[95].

La question de l'amiante demeure quasiment absente des discours publics jusqu'en 1994[96]. Ce n'est que lorsque le problème est redéfini à partir de ses prolongements environnementaux, notamment à cause de la présence du matériau dans de nombreux bâtiments, qu'il obtient un caractère de publicité. Bien que la dimension professionnelle des pathologies constitue le problème majeur en termes de santé publique, elle est dans un premier temps presque occultée par la presse nationale[97]. Entre 1994 et 1996, l'amiante est présentée comme un toxique qui menace la population dans son ensemble et dont l'État français n'a pas interdit l'utilisation. La pression médiatique pour que le personnel politique intervienne s'intensifie dès lors. À cet égard, nous pouvons interroger ce moteur de l'action des gouvernants. Le gouvernement devrait-il anticiper les besoins de la population en matière de santé publique et d'environnement ? L'information est-elle suffisante pour permettre le militantisme scientifique ?

Vers un droit international pénal de la santé publique ?

I. La crise de l'amiante

Emmanuel Henry relativise l'influence de cette couverture médiatique sur le processus de gestion politico-administrative de la crise de l'amiante. Bien que sa publicisation en a largement modifié les modalités, il estime que l'on ne peut pas ramener le processus décisionnel au problème public qui s'est imposé en quelques mois et qu'il obéit à de nombreuses autres logiques. Sa sociologie de l'action publique s'appuie entre autres sur l'analyse de la dynamique des mobilisations multisectorielles effectuée par Michel Dobry dans son ouvrage *Sociologie des crises politiques*[98]. À partir des moments qui ont fait date dans l'histoire de la Vème République au cours desquels « quelque chose vacille » sans que pourtant « rien ne casse », qu'il désigne par l'expression « conjonctures fluides », l'auteur affirme que l'on peut se débarrasser de la « distinction archaïsante » entre l'État et la société civile, dichotomie qu'il considère comme une « métaphore stérilement réductrice ». La fluidité provoquée par la mobilisation en temps de crise politique s'empare donc de tous les appareils, étatiques et non-étatiques. Selon Michel Dobry, celle-ci a pour conséquence principale la collusion des secteurs, les individus conservant leurs stratégies habituelles. À partir de ce postulat théorique, Emmanuel Henry démontre que dans le cas de la crise de l'amiante, la publicisation du problème a certes imposé une accélération dans la prise de décisions, mais les processus qui ont conduit à cette modification des rythmes et des formes de l'action publique ne sont pas aussi « linéaires » que la radicalité de l'annonce pourrait le laisser supposer. Les logiques exogènes perdurent et la différence notable réside plutôt dans la tentative du personnel politique à « rendre « annonçable » ce qui est peut-être déjà largement instruit par l'administration, ce qui peut être facilement arbitré ou ce qui peut permettre une communication spectaculaire. »[99] Ainsi, avant 1994, avant que la question de l'amiante n'attire l'attention du public, elle est prise en charge par les administrations de façon routinière à travers : le problème du risque professionnel, par la Direction des relations du travail, au sein du ministère Travail ; le risque pour la population générale, dont s'occupe la Direction générale de la santé, dépendant, selon les gouvernements, du ministère de la Santé ou de celui du Travail. Ces risques sont de deux natures. Le premier type relève de la prévention, puisqu'il s'agit d'un risque connu ; le second type est quant à lui un risque environnemental qui est impossible à déterminer ou mesurer. À cet égard, on peut relever qu'en Italie, l'un des principaux actionnaires de la société Eternit, a été condamné par la Cour d'appel de Turin, le 3 juin 2013, à 18 ans de prison contre 16 ans en première instance, pour la mort de près de 3000 individus, ouvriers ou riverains des usines qui fabriquaient de l'amiante, sur la base de « catastrophe sanitaire et environnementale » (« *disastro ambiente* ») et « infraction aux règles de la sécurité au travail ». En France, cette « crise de santé publique » posera la question du principe de précaution en faisant émerger les liens entre sciences, expertise et décision publique[100].

Une telle attention est à mettre en parallèle avec l'affaire du sang contaminé, puisque désormais, les gestionnaires confrontés aux crises sanitaires sont susceptibles d'avoir à rendre des comptes vis-à-vis de leurs décisions à la population, soit de manière directe à travers les médias, soit de manière indirecte dans le cadre d'une procédure judiciaire. S'agissant du droit, nous pouvons rappeler la décision du Conseil d'État dans l'affaire du sang contaminé : « Il appartenait à l'autorité administrative (…) d'interdire, sans attendre d'avoir la certitude que tous les lots de produits dérivés du sang étaient contaminés, la délivrance des produits dangereux » ; le commissaire du gouvernement ajoutant dans ses conclusions : « En situation de risque, une hypothèse non infirmée devrait être tenue, provisoirement, pour valide, même si elle n'est pas formellement démontrée »[101]. Dans le cadre des médias, nous pouvons insister sur la multiplication des crises sanitaires au cours des années 1990, notamment celles de la « vache folle » et des hormones de croissance, qui rend omniprésente la thématique de la sécurité sanitaire dans la presse écrite et les médias d'information[102]. Cette crainte apparaîtra de manière d'autant plus flagrante dans la gestion politique de la crise du Mediator, comme nous l'étudierons par la suite dans cet ouvrage.

Selon Claude Gilbert, politologue, les « crises sanitaires » ne peuvent être décrites avec un modèle unique en raison de la diversité de ce qu'elles peuvent révéler substantiellement : « On peut les voir comme le produit de dysfonctionnements dans la gestion des risques sanitaires, ayant par la suite un retentissement social et politique, ou au contraire comme étant avant tout la conséquence de dynamiques sociales et politiques initiées par des acteurs extérieurs au champ de la Santé Publique. Certaines crises peuvent également être lues comme révélatrices de jeux de pouvoirs impliquant des acteurs du champ même de la Santé Publique. »[103] Ainsi, il existerait deux lectures des crises sanitaires : une analyse « normative » selon laquelle les crises sanitaires seraient interprétées comme des crises de gestion, et une analyse « politique » fondée sur les rapports de force. Nous retiendrons ici cette distinction.

A. Analyse normative

Dans le cadre des crises sanitaires, on relève l'importance du concept de « risque ». Claude Gilbert oppose les « risques réalisés » des « risques potentiels », mais nous pouvons aller plus loin en nous appuyant sur la tendance actuelle de prolifération des risques « à épithète »[104]. Par exemple, l'économiste Frank Knight distingue en amont le risque dit « avéré » du risque dit « potentiel » [105]. Alors que pour le risque avéré, l'agent possède des informations concernant la probabilité de réalisation et sur les conséquences, dans le cas du risque potentiel, l'agent ne peut que : soit établir les conséquences possibles d'un événement, soit calculer la probabilité de réalisation des résultats identifiés. On remarque qu'une fois réalisés, les premiers types de risques sont traités par les assurances, alors que les seconds sont plutôt mutualisés.

Ainsi, au vu de leurs résolutions, les crises sanitaires qui nous intéressent dans notre étude relèveraient des risques « potentiels » et « réalisés ». On exclurait donc les risques « avérés » de notre typologie. La gestion des crises dépend donc de l'appréhension préalable de ces risques.

1. Passivité des « donneurs d'alerte »

Dans le cas de l'amiante, le Sénat constate la « passivité des *donneurs d'alerte* institutionnels » et le professeur Marcel Goldberg souligne au cours de son audition « le très grand retard de la France » en matière de prévention[106]. En effet, en France, avant la loi de sécurité sanitaire du 1er juillet 1998[107], bien que des instances avaient cette compétence en matière de santé publique, il n'existait aucun organisme ayant pour mission d'alerter les pouvoirs publics sur les risques qu'occasionnaient les produits toxiques. En outre, la responsabilité du corps médicale a été pointée du doigt. Le professeur Dominique Belpomme, cancérologue à l'hôpital européen Georges Pompidou déclare au cours de son audition que : « Les scientifiques sont également en cause. En 1996 par exemple, l'Académie de médecine estimait que l'amiante ne constituait pas un danger majeur : si elle recommandait d'en réduire l'utilisation, elle ne plaidait pas pour son interdiction. (…) Dans le cas qui nous occupe aujourd'hui, la responsabilité du monde scientifique est indéniable et importante ».

En réaction, l'Institut de veille sanitaire (InVS) est créé et il est doté d'un département santé et travail. Celui-ci se saisit de la question de l'amiante et établit le premier registre de surveillance d'une pathologie majoritairement liée au travail. Cette première base de données obtenue grâce au programme national de dépistage du mésothéliome permet de suivre et quantifier l'incidence de la maladie en France.

2. L'État « anesthésié » par le lobby de l'amiante

« L'État *anesthésié* par le lobby de l'amiante », c'est ainsi que le Sénat a intitulé l'une des parties de son rapport sur l'affaire de l'amiante[108], sans même avoir la retenue de nuancer son propos par un point d'interrogation. Il s'appuie notamment sur les propos du journaliste François Malye selon lequel la manière dont les différents ministères ont géré le dossier de l'amiante, « préférant le déléguer de fait à une structure de communication plutôt que de s'en emparer au travers de comités interministériels », a été « particulièrement critiquable »[109]. Il constate également que l'État s'étant déchargé de sa responsabilité, « le comité permanent amiante (CPA) s'est progressivement attribué le monopole de l'expertise sur ce dossier ». Le CPA aurait fait preuve d'une remarquable efficacité en créant « l'illusion du dialogue social », puisqu'il réunissait presque tous les acteurs du secteur de l'amiante, industriels, ministères, scientifiques, organisations syndicales de salariés et d'employeurs. À cet égard, Francis Chateauraynaud et Didier Torny, sociologues, notent que « l'existence du CPA permet de continuer la transformation et l'usage de l'amiante en convoquant les différents intérêts en présence : ceux des producteurs, ceux des salariés qui sauvent leurs emplois et ceux des médecins ou des représentants de l'État qui peuvent exercer un contrôle normatif sur l'usage d'un produit tout en développant des programmes d'études et de recherches sur un certain nombre de maladies »[110]. Par conséquent, bien que devant la mission du Sénat, Dominique Moyen, ancien directeur général de l'INRS et cofondateur du CPA, indique être « profondément blessé que l'on prétende que [il ait] pu faciliter la vie aux industriels de quelque manière que ce soit », celle-ci estime que le groupe a « indéniablement » joué un rôle « ambigu » dans l'affaire de l'amiante. Ce rôle ne saurait donc être réduit selon elle à celui « d'un simple promoteur de la prévention en matière de sécurité au travail, comme l'a peut-être un peu trop rapidement affirmé M. Xavier Bertrand, ministre de la santé et des solidarités ».

Lors de son audition, Claude Got a rappelé le rôle et les circonstances de la création du CPA, en 1982. Selon lui, le CPA a été créé suite à un congrès sur l'amiante s'étant tenu à Montréal et à la suite duquel Dominique Moyen a rapporté que « le lobby de l'amiante assurait qu'il s'agissait d'un produit merveilleux, mais qu'il valait mieux le gérer pour en réduire le risque ». À l'origine, le CPA aurait donc été créé par un souci de prévention des maladies professionnelles provoquées par l'amiante et des scientifiques se sont donc joints à ses travaux, leur fournissant une certaine caution. Cependant, comme le Sénat l'affirme, en l'absence de décisions des pouvoirs, le CPA, structure de lobbying, a « su profiter des carences des pouvoirs publics »[111], puisque comme le notent Chateauraynaud et Didier Torny : « le travail de mise en forme opéré pendant près de dix ans par le CPA a porté ses fruits. On en veut pour preuve la façon dont le gouvernement reprend à son compte, mot pour mot, les argumentaires développés par le Comité »[112]. Dans le même sens, Jean Paoli, représentant de Force ouvrière à la table ronde des organisations syndicales organisée par la mission, résume la situation ainsi : « Pourquoi le comité permanent amiante a-t-il existé ? Parce qu'il n'y avait rien à l'époque et que l'INRS ne faisait pas son travail, pas plus que la DRT, la DGS et la sécurité sociale ». Le Sénat estime donc que « l'État, même s'il n'en porte pas seul la responsabilité, a failli à sa mission de sécurité au travail. Le ministère du travail n'a pas su analyser la portée du risque amiante ni anticiper ses conséquences. Le bilan du ministère de la santé est tout aussi négatif. » En outre, il convient de souligner que le CPA s'est présenté comme un « interlocuteur incontournable de l'administration » et qu'entre 1980 et 1994, grâce à l'exploitation des incertitudes scientifiques, celui-ci est parvenu à « insinuer le doute sur l'importance du risque de l'exposition à l'amiante et ainsi à retarder au maximum l'interdiction de l'usage de l'amiante en France. Ses membres ont habilement soutenu la politique de *l'usage contrôlé* de l'amiante »[113].

La commission du Sénat avance que « l'administration elle-même a été manipulée par le CPA » et, s'agissant de l'identification du CPA comme « rien d'autre que le *faux nez* des industriels », elle s'étonne (point d'exclamation à l'appui) : « il aura donc fallu une dizaine d'années au ministère du travail pour se rendre compte de quelque chose d'évident ! » Ainsi, c'est de manière incroyablement tardive (1977), en comparaison avec les autres pays occidentaux, que la France réglemente l'usage de l'amiante, dans un premier temps en limitant la première valeur moyenne d'exposition professionnelle sur 8 heures[114]. À titre de comparaison, rappelons que la Grande-Bretagne édicte ses premières mesures réglementaires en la matière dès 1931 et adopte une véritablement réglementation en 1969.

Il convient néanmoins de souligner la portée limitée de ce décret de 1977. Tout d'abord, en plus de son insuffisance, celui-ci a été mal appliqué, voire pas du tout respecté. Par exemple, dans les chantiers navals où les niveaux d'exposition constatés étaient de 100 à 1000 fois supérieurs à ceux fixés par les normes. Ainsi, il aurait eu un effet démobilisateur en ce que, de 1980 à 1993, les syndicats ouvriers se sont contentés d'en demander l'application, sans aller au-delà.

Alors que Martine Aubry, ministre du travail à l'époque, estime que son ministère a « multiplié les avancées règlementaires », certains sociologues qualifient ces années de « longue période muette ». C'est le cas de Francis Chateauraynaud et Didier Torny qui observent que, « entre 1980 et 1994, le front de l'amiante ressemble un peu à ces drôles de guerres dont on finit par se convaincre qu'elles n'auront jamais lieu »[115]. Afin d'expliquer ce silence, ils avancent principalement deux hypothèses. D'une part, on peut mettre en évidence une sorte de « trou configurationnel » marquant précisément la période des années 1980 et du début des années 1990, puisque l'on enregistre une chute de potentiel de la critique sociale et des formes de luttes politiques qui avaient porté le dossier de l'amiante dans les années soixante-dix, notamment dû au temps de latence entre l'exposition à l'amiante et le développement des pathologies en résultant. D'autre part, on peut se fonder sur l'absence de savoir-faire collectif en matière de traitement des alertes, « la plupart des protagonistes semblent remis dans une situation de confiance où l'État pallie les dysfonctionnements, remplissant sa fonction première de garant de la sécurité des biens et des personnes. Du point de vue du lanceur d'alerte, il s'agit là d'un piège institutionnel ».

L'usage de l'amiante est finalement interdit en France le 1er janvier 1997[116]. Cette décision intervient à nouveau de manière bien plus tardive que dans d'autres pays européens, comme par exemple au Danemark en 1980.

B. Analyse politique

Dans leur article *La définition des problèmes publics : entre publicité et discrétion*[117], Claude Gilbert et Emmanuel Henry s'intéressent aux « luttes définitionnelles » qui consistent à imposer un cadrage spécifique à un problème. Ainsi, ils ont étudié les conflits entre les différents groupe pour « s'approprier » un problème, conserver la maîtrise de sa définition et donc contrôler l'orientation donnée aux formes d'action collective correspondantes (publiques ou non). Dans le cas de l'affaire de l'amiante, ils s'appuient sur le fait que le « problème » peut renvoyer à un risque professionnel concernant une catégorie d'acteurs circonscrite ou à un problème environnemental et de santé publique menaçant l'ensemble de la population. En effet, dans le premier cas, les représentants institués des travailleurs et des employeurs occupent un rôle central, alors que dans le second, les acteurs sont exclus des sphères de la décision[118].

Ainsi, les associations de victimes qui se sont positionnées comme des acteurs incontournables de la crise ont joué un rôle important dans la définition du problème et à travers leur mobilisation après 1995, elles ont fait basculer le problème dans une logique de publicité en le faisant également apparaître comme problème de santé publique menaçant l'ensemble de la population. Cette publicisation a permis le développement d'un scandale et a obligé les autorités à s'en emparer de manière prioritaire. Emmanuel Henry relève que la première phase se traduit par le choix d'un compromis entre des instances ayant une faible visibilité sociale, celui de « l'usage contrôlé de l'amiante »[119]. Cependant, ces compromis visant à un équilibre entre la santé et la sécurité des travailleurs, et la viabilité économique d'un secteur d'activité, qui faisaient l'objet d'une « acceptation tacite dans des espaces confinés deviennent totalement inacceptables voire indicibles, dans l'espace public. Les compromis pourtant stabilisés depuis des décennies sont alors très vite dénoncés comme des compromissions et le Comité permanent amiante qui avait rassemblé les principaux artisans de cette politique durant plus de dix ans est immédiatement réduit à sa seule dimension de lobby industriel »[120].

Un véritable bouleversement dans la gestion de la crise de l'amiante résulte de cette rupture définitionnelle provoquée par le « scandale ». Nous pouvons en faire une analyse politique dans la mesure où les rapports de force ont été reconfigurés.

De la même manière que l'affaire du sang contaminé a transformé les perceptions sociales du risque sanitaire, la crise de l'amiante a fait évoluer le regard porté sur le risque professionnel. Les méthodes de prévention se sont révélées inefficaces tant les dommages ont été importants et même *a posteriori*, l'indemnisation proposée a été insuffisante.

L'Assemblée nationale note qu'en même temps, « la conscience du citoyen se développe ; il devient plus exigeant sur l'évaluation et sur le contrôle de l'application des règles. Plus généralement, la demande sociale de sécurité et de responsabilité face au risque sanitaire est plus forte. »[121] Le pouvoir législatif s'appuie sur le Conseil d'État qui constate une telle évolution dans son rapport public de 2005 : « Si le risque est inhérent à l'activité humaine et si le traitement juridique du risque n'est pas nouveau ainsi qu'en témoigne par exemple l'ancienneté de la législation sur les installations dangereuses, la notion de risque acceptable a changé alors même que dans la vie quotidienne la sécurité est souvent plus grande qu'auparavant. Le sentiment selon lequel tout dommage peut et doit être imputé à une personne, privée ou publique, et doit ouvrir droit à une indemnisation se généralise. »[122] Le risque professionnel n'est plus perçu comme une « fatalité que la réparation mutualisée et forfaitaire suffit à réparer ».

Nous verrons ainsi à travers notre analyse que la justice a largement contribué à reconfigurer les rapports de force bien qu'elle se heurte à d'importantes limites.

II. De la crise à l'affaire

L'affaire a certes mobilisé le législateur, mais elle a surtout pris une ampleur considérable dans le domaine judiciaire. Des cas ont été portés en droit administratif, en droit civil et même en droit pénal. Tant en matière administrative que civile, on peut constater que les décisions des juges ont impulsé un élan de la part du législateur. En jugeant l'État responsable pour ses carences dans l'organisation de la prévention, le juge administratif a largement contribué à redéfinir le rôle de celui-ci en matière de santé publique. En faisant preuve de flexibilité et en bouleversant sa jurisprudence en matière d'accidents du travail et de maladies professionnelles, la justice civile a contribué à améliorer l'indemnisation des préjudices dans le cadre des maladies contractées suite à l'exposition à l'amiante. Néanmoins, le bilan que l'on peut dresser s'agissant des affaires portées au pénal pose de nombreuses questions.

A. Responsabilité administrative

La condamnation de l'Etat par la justice administrative, c'est-à-dire la reconnaissance de sa responsabilité dans les maladies de l'amiante, revêt des intérêts pour les victimes comme pour les entreprises. S'agissant des victimes, bien qu'une telle condamnation ne leur permette pas d'obtenir une indemnisation, elle constitue une garantie en termes de prévention et de réparation des accidents du travail et des maladies professionnelles. S'agissant des entreprises, la responsabilité de l'Etat atténue, sinon supprime, leur propre responsabilité.

Le 3 mars 2004, le Conseil d'État rend 4 arrêts[123] dans lesquels il reconnaît la responsabilité pour faute de l'État en confirmant les décisions des juridictions inférieures. Le ministre de l'Emploi et de la Solidarité demandait au Conseil d'Etat d'annuler les arrêts de la cour administrative d'appel de Marseille du 18 octobre 2001 qui confirmaient les jugements du 30 mai 2000 par lesquels le tribunal administratif de Marseille déclarait l'Etat responsable des conséquences dommageables résultant du décès de quatre salariés à la suite de leur exposition à l'amiante. Le Conseil d'Etat rejette les requêtes du ministre et rappelle qu'il résulte des dispositions de l'article L. 230-2 du Code du travail que si l'employeur a l'obligation générale d'assurer la sécurité et la protection de la santé des travailleurs placés sous son autorité, il incombe aux autorités publiques chargées de la prévention des risques professionnels de se tenir informées des dangers que peuvent courir les travailleurs dans le cadre de leur activité professionnelle[124]. Il est alors jugé que d'une part, les autorités publiques « n'avaient entrepris, avant 1977, aucune recherche afin d'évaluer les risques pesant sur les travailleurs exposés aux poussières d'amiante, ni pris de mesures aptes à éliminer ou, tout au moins, à limiter les dangers liés à une telle exposition… »[125], et d'autre part que « si des mesures ont été prises à partir de 1977 pour limiter les risques que faisait courir aux travailleurs l'inhalation de poussières d'amiante, il n'est pas établi que ces mesures aient constitué une protection efficace pour ceux qui, comme M. E..., travaillaient dans des lieux où se trouvaient des produits contenant de l'amiante, d'autre part, qu'aucune étude n'a été entreprise avant 1995 pour déterminer précisément les dangers que présentaient pour les travailleurs les produits contenant de l'amiante, alors pourtant que le caractère hautement cancérigène de cette substance avait été confirmé à plusieurs reprises et que le nombre de maladies professionnelles et de décès liés à l'exposition à l'amiante ne cessait d'augmenter depuis le milieu des années cinquante... »[126]. Ainsi, le Conseil d'État va dans le même sens que les juridictions inférieures relevant « le retard fautif mis par l'Etat pour édicter des normes plus sévères quant à l'inhalation de fibres d'amiante en milieu professionnel ». Sa décision s'appuie sur les carences de l'Etat dans le respect de ses obligations générales en matière de prévention des risques professionnels et de surveillance sanitaire des salariés : « il incombe aux autorités publiques chargées de la prévention des risques professionnels de se tenir informées des dangers que peuvent courir les travailleurs dans le cadre de leur activité professionnelle, compte tenu notamment des produits et substances qu'ils manipulent ou avec lesquels ils sont en contact, et d'arrêter, en l'état des connaissances scientifiques, au besoin à l'aide d'études ou d'enquêtes complémentaires, les mesures les plus appropriées pour limiter et si possible éliminer ces dangers ». Suivant les conclusions du commissaire du Gouvernement, Emmanuelle Prada-Bordenave, le Conseil précise l'étendue des responsabilités incombant à la puissance publique dans ces domaines. Lors de son audition devant la mission de l'Assemblée nationale en 2005, Jean-Michel Belorgey, alors Président du Conseil d'État, en a ainsi résumé l'économie : « [Le Conseil d'Etat] pense qu'il est de la responsabilité de l'État d'organiser des structures de prévention, de guider les entreprises dans l'exercice des disciplines dont elles sont comptables. L'État doit organiser la connaissance par le biais d'une expertise indépendante, l'information, et guider les entreprises réticentes à prendre les mesures nécessaires. »[127]

Cependant, la reconnaissance de cette responsabilité de l'État rencontre des limites lorsque c'est l'entreprise qui la met en jeu. Le 15 mai 2014, le tribunal administratif d'Orléans reconnaît également l'État responsable d'une faute pour ne pas avoir édicté des mesures efficaces de protection des travailleurs contre l'inhalation de poussières d'amiante. Néanmoins, cette affaire se distingue des précédentes dans la mesure où l'action contre l'État n'a pas été initiée par des victimes ou leurs ayant droits, mais par la société Latty International, une entreprise de Brou, spécialisée dans la fabrication de joints d'étanchéité, qui a utilisé de l'amiante jusqu'en 1989. La société est condamnée par la cour d'appel de Versailles en 2012 pour « faute inexcusable » à la suite du décès de l'un de ses salariés, employé de 1973 à 1989, d'un cancer lié à l'amiante. Latty International doit donc rembourser à la Caisse primaire d'assurance-maladie près de 710 000 € d'indemnités et de rente versées aux ayants droit du salarié décédé. L'entreprise ne dépose pas de pourvoi en cassation mais se retourne retourne devant la justice administrative pour se faire rembourser par l'Etat qu'elle estime responsable. L'Andeva soutient l'État en s'offusquant de l'attitude de Latty International : « Repoussant les limites de l'indécence, elle avait même réclamé 50 000 euros pour son *préjudice moral* lié à la *dégradation de son image* »[128].

Bien que par son arrêt de 2014, le juge de première instance a fait droit à la demande de Latty International, sur la base des arrêts du Conseil d'État rendus en 2004, et exige de l'État qu'il reconnaît co-responsable qu'il paie la moitié de la somme demandée par la société, la Cour administrative d'appel de Nantes annule le jugement du tribunal administratif d'Orléans en janvier 2017 en motivant sa décision par le fait que « les mesures prises avant 1977 n'ont pas permis d'éviter l'empoussièrement majeur des ateliers » et que « les salariés n'ont reçu aucune information personnalisée sur les risques (…) et étaient dépourvus de tout matériel de protection » comme des masques ou des combinaisons, concluent les juges. La société Latty a « délibérément commis une faute d'une particulière gravité qui fait obstacle à ce qu'elle puisse se prévaloir d'une faute de l'administration ». La Cour administrative d'appel de Nantes annule donc le jugement du tribunal administratif d'Orléans et rejette toutes les demandes de Latty. Cette décision va dans le même sens que l'arrêt rendu le 10 mai 2016 par La Cour administrative d'appel de Versailles qui concernait la société Eternit.

On peut donc s'interroger sur la cohérence de telles décisions, car si l'Etat avait efficacement exercé sa mission de prévention, les entreprises auraient été légalement contraintes de mettre en œuvre de véritables mesures de protection et, dans le cas contraire, elles auraient été jugées entièrement responsables des conséquences de ce non-respect des règles étatiques.

Néanmoins, par le système d'indemnisation mis en place, l'État semble admettre sa responsabilité *a priori*, jusqu'à ce que soit prouvée la responsabilité de l'entreprise.

B. Indemnisation et responsabilité civile

En France, c'est par un système d'assurance que s'opère l'indemnisation pour les blessures professionnelles (gérée par la loi de 1898) et les maladies professionnelles (gérée par la loi de 1919). Les employeurs alimentent un fonds à travers la branche Accidents du travail-Maladies professionnelles de la Sécurité Sociale. La victime n'a pas à établir le lien entre l'exposition professionnelle et la maladie lorsque la maladie figure dans la liste officielle des maladies professionnelles indemnisables. Quand la faute inexcusable de l'employeur est reconnue, la victime reçoit une indemnisation intégrale de sa maladie. La reconnaissance de la maladie professionnelle constitue donc un enjeu majeur. Les maladies dues aux poussières d'amiante sont répertoriées dans la classification des maladies professionnelles depuis le décret du 31 août 1950. Il a ensuite été révisé par le décret du 5 janvier 1976, puis précisé par le décret du 19 juin 1985 en prenant compte des différents cas (asbestose, fibrose pleurale, mésothéliome, cancer bronchique) et en modifiant les délais de prise en charge. En outre, jusqu'en 2000, on observe que les victimes se sont orientées vers la Commission d'Indemnisation des Victimes d'Infractions (CIVI) qui est créée par la loi du 8 juillet 1983 et qui est chargée d'examiner les demandes d'indemnisation des victimes de certaines infractions ou de leurs ayants droits quand elles ne peuvent pas obtenir une réparation, effective et suffisante de leur préjudice, par les assurances ou les organismes de Sécurité Sociale[129].

Malgré ces dispositions, insatisfaits, le 3 février 1987, des groupes de victimes créent l'Association Nationale de Défense des Victimes de l'Amiante (ANDEVA) afin de « faire reconnaître les droits des victimes à une indemnisation et la responsabilité des industriels devant les tribunaux civils et militaires, de faire interdire l'utilisation de l'amiante en France, d'obtenir une action publique pour remédier aux risques amiante de la communauté ». En 1994, les anciens travailleurs d'Amisol créent le premier Collectif Amiante Prévenir et Réparer (CAPER) afin d'établir un dialogue avec les institutions médicales et la Sécurité sociale[130]. Leur mobilisation permet d'obtenir la création du Fonds d'Indemnisation des Victimes de l'Amiante (FIVA) par la loi du 23 décembre 2000 de financement de la sécurité sociale pour 2001. Celui-ci est financé à 75% par la branche Accidents du travail-Maladies professionnelles et à 25% par l'État. Plus de 20 000 personnes l'ont sollicité en 2015 et depuis sa création, ce fonds a versé plus de 5 milliards d'euros d'indemnisations. Le FIVA peut aussi exercer une action récursoire. Le législateur a expressément prévu que ce recours soit fondé sur la subrogation. Ce mécanisme prévu par le Code civil permet le recours en justice exercé contre le véritable débiteur d'une obligation juridique par celui qui est tenu de l'exécuter en tant que débiteur solidaire, garant ou responsable du fait d'autrui. Dans le cas d'une « victime du travail » ou d'une « victime environnementale », le FIVA peut donc initier une procédure contre l'employeur pour faute inexcusable devant le Tribunal des Affaires de Sécurité Sociale.

Au cours de son audition devant l'Assemblée

nationale, Maître Ledoux, avocat de victimes de l'amiante, explique ainsi le développement des contentieux en responsabilité civile dans les affaires de l'amiante : « Toutes ces procédures ont abouti aux arrêts du 28 février 2002 dans lesquels la Cour de cassation, en rejetant les pourvois, a bouleversé les obligations des employeurs, bien au-delà de l'amiante, en créant une obligation de résultat en matière de sécurité au travail. Dès lors, les procédures pour faute inexcusable dans le domaine de l'amiante sont devenues plus faciles (...) Au final, nous gagnons en appel, voire en cassation, dans pratiquement 95 à 100 % des cas (...) »[131]. Ainsi, dès 1995 et la création de l'Andeva, une période « d'actions de masse » des victimes de l'amiante devant la justice s'ouvre.

Confirmant implicitement que la faute inexcusable perdait de son caractère exceptionnel et rarissime, les arrêts de 2002 de la Cour de cassation peuvent s'interpréter comme une invitation, faite au législateur d'intervenir. Cette pratique est courante en droit lorsqu'une question soulève des enjeux particulièrement éthiques. On peut se référer à la jurisprudence Perruche à titre d'exemple[132].

Plus récemment, c'est la juridiction administrative qui s'est montrée particulièrement clémente en matière d'indemnisation. Dans son arrêt du 3 mars 2017[133], le Conseil d'État reconnaît que la Cour administrative d'appel a jugé à bon droit que le versement, à un ouvrier d'État de la direction des constructions navales, de l'allocation spécifique de cessation anticipée d'activité suffit par lui-même à établir son préjudice d'anxiété en précisant que « la décision de reconnaissance du droit à cette allocation vaut reconnaissance pour l'intéressé d'un lien établi entre son exposition aux poussières d'amiante et la baisse de son espérance de vie et que cette circonstance, qui suffit par elle-même à faire naître chez son bénéficiaire la conscience du risque de tomber malade, est la source d'un préjudice indemnisable au titre du préjudice moral ». L'allocation de cessation anticipée d'activité des travailleurs victimes de l'amiante (créée par l'article 41 de la loi du 23 décembre 1998[134]) est versée aux salariés ou anciens salariés sous la réserve qu'ils aient cessé toute activité professionnelle et qu'ils aient travaillé dans certains établissements légalement spécifiés et figurant sur une liste établie par le pouvoir réglementaire pendant une période déterminée où y étaient fabriqués ou traités de manière significative l'amiante ou des matériaux contenant de l'amiante. Depuis 2010, sur le fondement de cette loi, la Cour de cassation a développé une jurisprudence admettant l'indemnisation du préjudice moral particulier résultant de cette exposition à l'amiante[135] en l'associant au régime d'indemnisation du préjudice physique lié au contact professionnel avec de l'amiante. L'ancien salarié victime de l'exposition à l'amiante n'avait donc pas d'autre preuve à apporter afin d'établir son préjudice. Cette décision du Conseil d'État s'inscrit dans celle qu'il avait rendue dans l'affaire du Mediator dans laquelle il avait reconnu le caractère indemnisable du préjudice d'anxiété[136].

Par conséquent, il apparaît donc contradictoire que la justice civile et la justice pénale ne s'accordent pas concernant la responsabilité de l'employeur. L'Andeva[137] souligne ainsi à propos de deux décisions de 2011 que « d'un côté la justice civile indemnise les victimes de l'amiante en reconnaissant la responsabilité des industriels et notamment d'Eternit, de l'autre côté la justice pénale piétine dans l'établissement des mêmes responsabilités ».

Le 5 décembre 2011, le Tribunal de Grande Instance d'Aix-en-Provence juge Eternit coupable de la contamination par l'amiante de l'épouse d'un salarié d'une usine Eternit. C'est la première fois que la société est condamnée pour avoir disséminé de l'amiante. En effet, elle a déjà été reconnue plusieurs centaines de fois coupable de « fautes inexcusables de l'employeur » dans le cadre de d'actions récursoires similaires. Une dizaine de jours plus tard, le 16 décembre 2011, la chambre de l'instruction de la cour d'appel de Paris annule sur les mises en examen, de plusieurs hauts responsables d'Eternit, dont celle de son dirigeant historique Joseph Cuvelier, et transfère le dossier Eternit à deux nouveaux magistrats. Cette décision est suivie de nouvelles mises en examen, prononcées le 9 janvier 2011, visant cette fois quatre des principaux acteurs du CPA. À cet égard, l'Andeva souligne que : « Il est difficile de ne pas noter que la branche indépendante de la justice (les juges et les juges d'instruction) n'a pas la même attitude que la branche dépendant directement du ministre de la justice et du gouvernement (le parquet et en particulier la chambre de l'instruction). »

III. Des affaires similaires traitées de manière différente

L'un des arguments principaux qui vise à justifier la création d'un droit international pénal de la santé publique a été établi à partir de l'affaire de l'amiante. Alors qu'en France, les procédures pénales ne sont pas closes, la justice italienne qui dispose de plus de moyens, d'une jurisprudence plus adaptée et d'un procureur indépendant, a rendu des décisions.

A. Responsabilité pénale

Depuis l'interdiction de l'amiante, plusieurs jugements pénaux ont condamné des employeurs pour « mise en danger de la vie d'autrui ». Ce délit repose sur la faute non-intentionnelle et a été introduit dans le Code pénal en 1993[138]. Toutefois, Alain Saffar, alors sous-directeur de la justice pénale spécialisée à la Direction des affaires criminelles et des grâces, précise à la mission de l'Assemblée nationale que « des condamnations pénales - une petite dizaine - ont bien été prononcées en matière d'amiante. Mais elles sont intervenues dans des affaires où il n'était pas question de blessures ou d'homicides involontaires dus à des expositions longues à l'amiante. Il s'agissait d'infractions plus ponctuelles de non-respect de la réglementation amiante, notamment dans le domaine professionnel, par exemple sur des chantiers. »[139] En France, aucune juridiction répressive ne s'est donc prononcée sur des affaires concernant des expositions longues et antérieures à l'interdiction malgré les plaintes.

L'Andeva porte plainte au pénal avec constitution de partie civile en février 1996. Par la suite, d'autres plaintes simples sont déposées et associées à cette « plainte fondamentale », notamment sur chacun des sites d'usine d'Eternit, dont les dirigeants sont cités « comme industriels ayant diffusé le matériau cancérigène, comme employeur ayant exposé les travailleurs à un danger mortel et comme un des organisateurs du lobby de désinformation auprès du public et des autorités sanitaires »[140]. Cependant, aucune de ces plaintes simples n'est suivie d'une saisine du juge d'instruction par les parquets et les plaintes avec constitution de partie civile aboutissent toutes à des ordonnances de non-lieu. Cette issue s'explique par : la prescription de l'action publique si dans le délai de trois ans après le décès ou la consolidation de la maladie, l'action n'a pas été engagée ; l'extinction de l'action publique par le décès des personnes possiblement mises en cause ; l'impossibilité de poursuivre des personnes morales pour des fautes commises avant l'entrée en vigueur de la loi créant la responsabilité pénale des personnes morales, c'est-à-dire avant le 1er mars 1994. La recherche probatoire a principalement posé problème à cause de l'absence de démonstration d'un lien de causalité certain entre la faute et le dommage.

Dans son rapport, le Sénat note que « Pierre Fauchon aurait suggéré aux victimes de recourir à la citation directe dans le cas de l'amiante »[141]. Or, cette procédure s'effectue sans instruction et elle est utilisée pour les affaires les plus simples dans lesquelles les responsables sont identifiés. Lorsque l'on prend en considération la durée de l'instruction et le fait que les procès ne sont toujours pas clos, on ne peut que s'étonner d'une telle suggestion.

L'unique affaire qui a abouti par un arrêt de la Cour de cassation (rendu le 15 novembre 2005) ne concerne pas le fond de l'affaire mais la procédure. La cour a confirmé l'ordonnance de non-lieu rendue par le juge d'instruction de Dunkerque le 16 décembre 2003. Celle-ci portait sur une plainte déposée contre X le 27 février 1997, avec constitution de partie civile, de la part de plusieurs anciens salariés ou ayants droits de la société Usinor de Dunkerque. Elle était fondée sur l'application de la loi dite « Fauchon » du 10 juillet 2000. La chambre de l'instruction de la cour d'appel de Douai le 15 juin 2004 l'avait confirmée, puis elle avait fait l'objet d'un pourvoi en cassation des seules parties civiles. Dans son arrêt de confirmation, la Cour de cassation juge que ce pourvoi est irrecevable en application de l'article 575 du Code de procédure pénale pose le principe de l'irrecevabilité du pourvoi de la seule partie civile contre les arrêts de la chambre de l'instruction, mais ne se prononce pas sur la validité de l'arrêt attaqué. Dans un communiqué de presse publié à la suite de cette décision, la Cour a souhaité relativiser la portée de sa décision : « (...) En rejetant ce pourvoi, la Chambre criminelle n'a porté aucune appréciation sur la valeur des charges réunies contre les mis en examen (...). Il n'est pas exclu que la chambre criminelle ait un jour à examiner un pourvoi formé contre une décision d'une juridiction de jugement qui apprécierait la valeur de charges constitutives d'une infraction pénale en matière d'exposition à l'amiante. Son contrôle serait alors d'une autre nature et permettrait de définir les conditions de la responsabilité pénale dans ce domaine. »[142] La mission de l'Assemblée nationale interprète cette décision à la lumière du traitement pénal des autres procès de santé publique (sang contaminé, « vache folle »), « et tout particulièrement aux droits des victimes dans ces procédures. Considérant qu'il y avait peut-être un décalage entre les moyens des parties civiles et le rôle moteur qui est le leur dans les affaires de santé publique, elle a souhaité analyser leur place dans la procédure pénale et, notamment, la pertinence des limites posées par l'article 575 du Code de procédure pénale. »[143] Ainsi, le législateur semble reconnaître de lui-même les limites du droit français dans ces affaires qui mettent en jeu des problèmes de santé publique dans son application pénale. Précisons à cet égard que dans sa décision du 23 juillet 2010[144], le Conseil constitutionnel abroge cet article qui restreignait la possibilité offerte aux parties civiles de se pourvoir en cassation à l'encontre des arrêts de la chambre de l'instruction que dans les cas où il y avait un Pourvoi du Ministère Public, à l'exception de certains cas limitativement énumérés.

Les autres procédures n'ont pas encore abouti. À l'automne 2016, 27 dossiers distincts concernant l'amiante étaient instruits au pôle judiciaire de santé publique de Paris[145]. En mars 2017, la Cour d'appel de Versailles prononce un nouveau non-lieu au bénéfice de Claude Chopin[146]. Il s'agit du troisième, Cour d'appel de Paris ayant rendu des décisions similaires en 2013 et en 2015 faute de charges suffisantes. Cependant, la Cour de cassation, juridiction la plus élevée de l'ordre judiciaire français, saisie par les parties civiles, avait annulé ces deux décisions de la Cour d'appel de Paris. Puisque les juges de cassation sont amenés à apprécier si les règles de droit sont correctement appliquées dans les décisions qui leur sont déférées et non à trancher sur le fond[147], la Cour d'appel de Versailles devait donc à nouveau juger Claude Chopin, mis en examen en 1999 pour empoisonnement, voies de faits ayant entraîné la mort, homicide involontaire, coups et blessures involontaires et abstention délictueuse. Celui-ci est le fils de l'actionnaire principal d'Amisol, décédé depuis. Après y avoir travaillé 2 ans, il a été président directeur général de cette usine d'amiante située à Clermont-Ferrand entre juillet à décembre 1974, c'est-à-dire dans les 6 mois ayant précédé sa fermeture. L'Andeva, l'Association nationale de défense des victimes de l'amiante, décrit celle-ci comme une « usine-cercueil » où « l'air des ateliers était saturé de fibres mortelles » et ajoute qu'un témoin, médecin, évoque « l'horreur et le retour à Zola »[148]. L'instruction portant sur des faits ayant eu lieu en 1974 a commencé en 1997 après le dépôt des plaintes de salariés ayant développé des maladies liées à leur exposition à l'amiante.

C'était notamment sur la base du délai raisonnable, que Claude Chopin estimait contraire à son droit à un procès équitable, qu'avait été demandé le non-lieu, qui a donc été obtenu. Alors que Maître Vincent Courcelle-Labrousse, avocat de l'accusé, place son client au centre de cette affaire et estime « qu'aucune infraction ne lui est imputable » et que sa vie « a été pourrie par cette histoire où il n'est pas fautif, cela fait presque un quart de siècle qu'il vit avec cette accusation »[149]. À l'opposé, Maître Jean-Paul Teissonnière, avocat des anciens salariés, rejette l'interprétation personnaliste en déclarant que : « il n'y a pas de volonté de vengeance, pas d'acharnement » et ajoute que : « il faut qu'à un moment donné, on dise que ce qui s'est passé (dans cette usine) est interdit ». Afin de préciser leurs revendications, Pierre Pluta, ancien ouvrier ajusteur des chantiers navals Normed de Dunkerque et président de l'Association régionale des victimes de l'amiante (Ardeva) Nord-Pas de Calais, déclare : « Nous appelons la population, les organisations syndicales et les associations à nous rejoindre, car l'affaire de l'amiante qui n'aboutit pas est un permis de tuer pour les promoteurs de tous les produits cancérogènes : pesticides, perturbateurs endocriniens, etc. »[150]. Au sujet du caractère raisonnable ou non de ce délai qui atteint presque le demi-siècle, la Cour d'appel de Paris, dans sa décision de 2013, considère que « la mémoire des faits s'efface ». Josette Roudaire, ex-salariée d'Amisol et porte-parole du Comité amiante prévenir et réparer, s'insurge en insistant sur le nombre de malades et de morts en évoquant la centaine de dossiers d'anciens salariés d'Amisol que son association traite[151].

Cette procédure s'appuie sur la loi dite « Fauchon », dont la proposition de révision par des députés visant à « supprimer toute impunité pénale des responsables d'entreprise dans le drame de l'amiante » en date du 27 novembre 2012 n'a pas été retenue[152]. Les députés mettent en avant le fait que cette loi « a eu pour objet de limiter le risque pénal principalement pour les décideurs publics et privés ». Selon eux, il est évident que cette réglementation constitue un obstacle dans le règlement de l'affaire de l'amiante, à tel point que le sénateur Pierre Fauchon a lui-même déclaré : « il est tout à fait certain que, si la loi s'avère mal faite, il faut la corriger. Je serais le premier à proposer de le faire ». Les députés à l'origine de cette proposition relèvent également deux paradoxes. D'une part, en droit français, « le juge civil peut reconnaitre que l'employeur a commis une « faute inexcusable », alors que le juge pénal peut refuser de reconnaître qu'il a commis une « faute caractérisée ». D'autre part, dans une perspective comparatiste, « le bon sens ne saurait se satisfaire de cette solution et ce d'autant qu'en Italie, le 13 février 2012, au terme d'un procès qui a duré trois ans, le Tribunal de Turin a condamné à 16 ans de prison deux anciens dirigeants de la société Eternit. » Lorsqu'ils s'interrogent sur ce second paradoxe, ils notent que « deux éléments ont été mis en évidence par les praticiens : le parquet jouit d'une plus grande indépendance en Italie et la loi Fauchon constitue un frein pour un procès amiante. »

B. Des traitements nationaux révélateurs d'injustices

En Italie, 270 personnes se sont constituées partie civile en avril 2009 lors de la première audience préliminaire contre Eternit, entreprise multinationale qui gérait quatre usines s'occupant du traitement industriel de l'amiante en Italie. L'amiante aurait provoqué la mort de 2300 salariés d'Eternit ou habitants de zones limitrophes de ses usines.

En juillet 2009, le tribunal de Turin accepte la requête du parquet et décide de mettre en examen les industriels suisse Stephan Ernst Schmidheiny et belge Jean-Louis Marie Ghislain de Cartier de Marchienner, membres du conseil d'administration d'Eternit, pour n'avoir pris aucune mesure de prévention contre les accidents et les maladies professionnelles liés au traitement de l'amiante. Le nombre de victimes augmentant d'une cinquantaine chaque année, le juge de l'audience préliminaire estime qu'ils avaient affaire à un « délit toujours en cours » [153]. C'est le plus important procès en Europe en matière d'environnement et de santé dans la mesure où le nombre de plaignants s'élevant à 5700, malades et parents des victimes. Cependant, en mai 2016[154], la Cour constitutionnelle italienne décide que Stephan Schmidheiny ne peut pas faire l'objet d'une procédure pénale pour les morts liées à l'amiante qui ont déjà fait l'objet d'une procédure. Cette seconde procédure concerne des décès liés à l'amiante dans les régions transalpines qui abritaient des usines de la société Eternit S.p.a Gênes. Le groupe suisse Eternit, dirigé depuis 1976 par Stephan Schmidheiny, était le plus gros actionnaire, puis l'actionnaire principal de cette société de 1973 jusqu'à sa faillite en 1986. Le juge constitutionnel italien estime que 186 cas sur les 258 morts liées à l'amiante ont déjà été traités au cours de la première procédure judiciaire. Une nouvelle procédure en lien avec ces décès constituerait donc une violation de la double incrimination. La règle *non bis in idem* garantit que l'on ne peut pas répondre deux fois devant la justice pour un même fait. Le parquet de Turin doit désormais décider d'ouvrir un nouveau procès pour les 72 décès qui n'ont pas encore fait l'objet d'une procédure judiciaire.

Néanmoins, d'autres dossiers italiens sont encore en cours et leur issue semble plus conforme aux attentes des victimes qu'en France. En juillet 2015 à Milan, la justice italienne a reconnu 11 anciens dirigeants du groupe industriel Pirelli coupables d'homicide et de blessures involontaires à l'encontre d'ouvriers à la suite de leur exposition à l'amiante. Après deux acquittements, en février et en avril 2014, ils ont été condamnés en première instance à des peines allant jusqu'à 7 ans et 8 mois d'emprisonnement[155]. Plus récemment, en juillet 2016, un tribunal italien a condamné plusieurs accusés, dont un ancien ministre du gouvernement Mario Monti, à des peines de prison pour « homicides et blessures involontaires »[156].

C. Droit pénal et politique

Selon Pascal Clément, ancien Garde des Sceaux, la durée des informations judiciaires ouvertes s'explique « par les difficultés propres aux dossiers liés à l'amiante qui tiennent à l'ampleur des investigations policières, recherche des documents d'époque et des témoignages, et à la complexité des expertises médicales »[157]. La faiblesse des moyens affectés au traitement pénal de ces dossiers a également été pointée du doigt.

C'est dans cette optique que la loi dite « Kouchner » du 4 mars 2002 a créé deux pôles de santé publique constitués au sein des tribunaux de grande instance de Paris et de Marseille. Néanmoins, leurs moyens sont faibles. À cet égard, Marie-Odile Bertella-Geffroy, à l'époque responsable du pôle de santé publique du tribunal de grande instance de Paris, rappelle que « ce pôle ne disposait que de trois juges d'instruction et de sept substituts. Et encore un des trois juges d'instruction a conservé un grand nombre d'affaires d'escroqueries et d'abus de confiance dont il était déjà saisi, tandis que les affaires de santé publique et de responsabilité médicale n'ont donné lieu à la création que d'un seul poste de substitut supplémentaire. » Celle-ci insiste également sur le « travail colossal » que représente cette affaire : « Rien que dans le dossier de l'amiante de Jussieu, plus de cent victimes ont déposé une plainte, ce qui implique autant de saisies de dossiers médicaux, d'expertises médicales, le cas échéant de contre-expertises et d'établissement des liens de causalité entre les pathologies et l'amiante et entre ces pathologies et les fautes susceptibles d'être relevées. (…) Il faudra relier une contamination avec tel responsable pendant telle période. Et comment déterminer la période de contamination ? Il faut savoir que nous sommes déjà très chargés à Paris avec de nombreuses autres affaires de santé publique, par exemple Tchernobyl, la vache folle, l'hormone de croissance. Ce sont des dossiers difficiles de par le nombre de victimes et l'ampleur des investigations. Nous n'avons pas de moyens suffisants »[158].

En outre, il a été décidé de la mutation de celle-ci. Alors qu'elle était en charge du dossier de l'amiante depuis 2005, le Conseil d'État qu'elle avait saisi en référé afin de faire annuler le décret du 27 mars 2013, mettant fin à fonctions d'instruction au pôle santé du tribunal de grande instance de Paris conformément à la règle limitant à dix ans les fonctions de juge spécialisé, la déboute le 3 mai 2013. Lors de son audition devant le Conseil d'Etat le lundi 29 avril, celle-ci s'était dite victime d'un « grave préjudice » et avait défendu la notion de « continuité du service public » pour être autorisée à continuer d'instruire ses dossiers. Françoise Thouin-Palat, l'avocate de l'ancienne magistrate, fait état d'un « défaut de motivation du décret et du caractère de sanction déguisée de la mesure », Bernard Stirn, alors juge des référés, estime quant à lui que les éléments n'étaient pas « de nature à créer [...] un doute sérieux »[159].

Cette décision s'expliquerait par le tournant politique que prend l'affaire en novembre 2012 avec la mise en examen de Martine Aubry pour homicides et blessures involontaires. Marie-Odile Bertella-Geffroy, alors juge d'instruction, élargit son enquête à l'action des pouvoirs publics et à l'influence prêtée au Comité permanent amiante. Sept autres personnes, dont Olivier Dutheillet de Lamothe, ex membre du Conseil constitutionnel, sont mises en examen dans la même instruction[160]. Martine Aubry est poursuivie en tant que Directrice de relations du travail au sein du Ministère du travail entre 1984 et 1987, et les faits portent sur l'exposition à l'amiante des salariés de l'usine Ferodo-Valeo de Condé-sur-Noireau, dont plus de 300 se sont vu reconnaître des maladies professionnelles. Le 14 avril 2015, la Cour de cassation confirme l'annulation de sa mise en examen par la Cour d'appel de Paris en juin 2014 en considérant que des « indices graves ou concordants n'étaient pas réunis contre les mis en examen »[161].

Les liens entre justice et gouvernants semblent poser problème en France à de multiples égards, en particulier du fait du lien qui existe entre le Parquet et le pouvoir exécutif. À cet égard, Marie-Odile Bertella-Geffroy déclare : « La justice n'est pas indépendante en France. Les procureurs sont rattachés au ministère de la Justice, et le parquet est très opposé au pénal dans ces affaires de santé publique qui peuvent toucher des industriels français... ou des hauts fonctionnaires. Toutes ces affaires d'hormone de croissance, de sang contaminé, de vaccination anti-hépatite B, d'amiante, entre autres, n'ont pas été initiées par le Parquet, alors que cela aurait dû être le cas. Elles ont en réalité été ouvertes sur constitution de partie civile devant le doyen des juges d'instruction de Paris. Car, si le Parquet ne fait pas ouvrir une information sur des affaires trop complexes qu'il ne peut régler lui-même, et classe sans suite, les associations ou victimes peuvent alors s'adresser directement à ce doyen qui désigne un juge d'instruction : c'est une spécificité française qui permet pour les victimes ou plaignants, de contrebalancer le pouvoir du procureur. Toutes ces affaires de santé publique ont donc été ouvertes contre l'avis du Parquet. La gestion de ces dossiers par le juge d'instruction n'en est pas facilitée. La tenue d'un procès pénal encore moins. »[162]

Alors que l'article 16 de la Déclaration des droits de l'Homme et du Citoyen de 1789 déclare que « toute société dans laquelle la garantie des droits n'est pas assurée, ni la séparation des pouvoirs déterminée, n'a point de constitution », Guy Carcassone, Professeur de droit, qualifie d'« incongru » le premier alinéa de l'article 64 de la Constitution qui fait du Président de la Vème République le garant de l'indépendance de l'autorité judiciaire. Le fait que la justice soit une « autorité » et non un « pouvoir » semble aller à l'encontre de ce que Montesquieu décrivait dans l'Esprit des lois : « Il n'y a point encore de liberté si la puissance de juger n'est pas séparée de la puissance législative et de l'exécutif. » Dans la pratique, la Cour Européenne des Droits de l'Homme a condamné la France dans plusieurs arrêts en constatant que le Parquet français ne peut pas être considéré comme une autorité judiciaire indépendante, puisqu'il dépend du pouvoir exécutif. Dans son arrêt Medvedyev du 10 juillet 2008 la Cour déclare : « Force est de constater que le procureur de la République français n'est pas une autorité judiciaire, au sens que la jurisprudence de la Cour donne à cette notion. Il lui manque en particulier l'indépendance à l'égard du pouvoir exécutif pour pouvoir être ainsi qualifié. » [163] Aucune mesure n'ayant été prise, elle confirme sa position dans son arrêt Moulin du 20 novembre 2010[164] : « Du fait de leur statut, les membres du Ministère Public en France ne remplissent pas l'exigence d'indépendance à l'égard de l'exécutif, qui, selon une jurisprudence constante, compte, au même titre que l'impartialité, parmi les garanties inhérentes à la nature autonome des magistrats : ces derniers dépendent tous d'un supérieur hiérarchique commun, le garde des sceaux, ministre de la Justice, qui est membre du gouvernement, et donc du pouvoir exécutif. Contrairement aux juges du siège, ils ne sont pas inamovibles en vertu de l'article 64 de la Constitution. Ils sont placés sous la direction et le contrôle de leurs chefs hiérarchiques au sein du Parquet, et sous l'autorité du Garde des Sceaux, ministre de la Justice ». Elle ajoute en outre que « le déséquilibre du système pénal sape l'état de droit ».

Conclusion

Au cours d'un colloque intitulé « Exposition à l'amiante, nouvelles frontières pénales et nouveaux horizons thérapeutiques », organisé le 3 avril 2012 par l'Académie Internationale des Sciences de l'Environnement (IAES) de Venise[165], il a été question du traitement judiciaire différencié de l'affaire de l'amiante en France et en Italie. Afin d'expliquer cette « injustice », Raffaele Guariniello, le procureur de Turin qui a instruit l'affaire d'amiante concernant plusieurs usines Eternit Italie, pointe plusieurs points en expliquant que les conditions dans lesquelles il a pu mener l'instruction de ce dossier pendant plusieurs années jusqu'à ce jugement récent étaient meilleures qu'en France : l'indépendance des procureurs italiens vis-à-vis du pouvoir politique qui lui permet de se saisir de sa propre initiative et instruire un tel dossier qui met en cause des industriels au plus haut niveau ; les moyens importants qu'il a pu mettre lui-même à sa disposition pour instruire cette affaire : création d'une équipe de magistrats dédiée à cette procédure sous la direction de ce procureur, d'une équipe de policiers spécialisés en santé et environnement sous sa direction exclusive et d'une équipe d'experts médecins et scientifiques indépendants qui ont créé avec le procureur un observatoire des pathologies professionnelles ; l'adaptation de la jurisprudence de la Cour de Cassation italienne concernant ces infractions qu'en France, on qualifie de non-intentionnelles (homicides et blessures involontaires) en infractions délibérées, qui sont différentes selon l'identification des niveaux croissants d'intensité d'intention frauduleuse : soit le dol éventuel, le dol direct ou le dol intentionnel, passible alors pour ce dernier de peines de réclusion criminelle. Ajoutons que cette adaptation jurisprudentielle a été transposée dans la loi. Raffaele Guariniello souligne en outre l'intérêt de la coopération des différents parquets et des commissions rogatoires internationales, puisque Marie-Odile Bertella-Geffroy lui avais transmis par cette voie une copie de son propre dossier Eternit.

Ainsi, la réforme du droit national pourrait être une solution. Cependant, comme nous l'étudierons dans la partie suivante de cet ouvrage, d'une part, cette réforme peut s'avérer insuffisante, et d'autre part, il n'en demeure pas moins que ces affaires revêtent un caractère indéniablement international.

Partie 3.
Les affaires sanitaires récentes comme récurrences banalisées des scandales devenus des crises : Des gestions plus politiques, mais « rien n'a changé »

Les affaires de santé publique récentes semblent être causées par, et donc révéler, les mêmes dysfonctionnements. Elles ont désormais l'air de suivre un schéma : évoluant du scandale à la crise, puis à l'affaire. Bien que des mesures soient prises afin de lutter contre les conflits d'intérêts, en particulier s'agissant des « experts », on ne peut que constater l'inefficience d'une telle stratégie, pourtant indispensable.

En outre, en nous appuyant sur des témoignages de « personnes concernées » par d'autres affaires sanitaires, nous démontrerons que leurs demandes sont similaires à celles que formulaient les victimes dans l'affaire du sang contaminé et dans celle de l'amiante, or, ni les politiques ni les juges n'y ont répondu.

I. L'affaire du Mediator : des conflits d'intérêts repérés, mais toujours insanctionnés, voire insanctionnables

Présentation de l'affaire

Le Mediator est un médicament mis au point par les laboratoires Servier. Il est commercialisé à partir de 1976 et se présente comme un antidiabétique. Il est également prescrit de manière détournée comme coupe-faim aux patients en surcharge pondérale. Jusqu'à son retrait de la vente en 2009, 145 millions de boîtes sont vendues et plus de 5 millions de personnes en consomment en France. Les débats autour de sa dangerosité sont presque aussi anciens que son autorisation de mise sur le marché obtenue en 1974. Dès 1978, le benfluorex, principal composant du Mediator, est déjà sanctionné d'un avis défavorable de la commission belge des médicaments et les premières alertes sont lancées au cours des années 1990. Dès 1997, les doutes existants sont confortés par les premières preuves et aux États-Unis, tous les médicaments de la famille des fenfluramines, dont le Mediator, sont interdits. En France, la Commission de la Haute Autorité de la Santé en date conclut le 17 novembre 1999 à un avis défavorable au remboursement de ce produit pour « service médical rendu insuffisant pour une prise en charge par l'assurance maladie ». Dans un avis du 10 mai 2006, elle se déclare à nouveau « défavorable au remboursement de ce produit »[166]. Toutefois, dans l'attente des conclusions de la ré-évaluation du bénéfice/risque par l'Agence française de sécurité sanitaire des produits de santé, elle ne l'inscrit pas non plus sur la liste des médicaments proposés au déremboursement en 2006. Le médicament reste donc en vente et il est remboursé en France, alors qu'il est successivement retiré du marché par Servier dans d'autres pays européens : en 1998 en Suisse ; en 2003 en Espagne ; ou encore en 2004 en Italie. Le groupe justifie ses décisions par « des raisons commerciales »[167].

Ce ne serait néanmoins qu'à partir de septembre 2005 qu'en France, il serait possible de parler véritablement de « controverse », lorsque la revue Prescrire, réputée être entièrement indépendante de l'industrie pharmaceutique, demande explicitement le retrait du Mediator en France[168]. Son appel au retrait est renouvelé l'année suivante. En 2007, l'Agence française de sécurité sanitaire des produits de santé ne publie d'abord qu'une simple recommandation de ne pas prescrire le Mediator comme coupe-faim. Bien qu'Irène Frachon, pneumologue au CHU de Brest, alerte l'agence en février 2007 sur les risques d'accidents cardiaques liés à la consommation du médicament, il lui faudra mener une véritable enquête avec l'aide de ses collègues pour prouver les effets toxiques de ce médicament et ce sera elle qui parviendra à convaincre l'Agence française de sécurité sanitaire des produits de santé de contraindre le laboratoire Servier à le retirer de la vente à partir du 30 novembre 2009. Le groupe Servier ne fait pas appel de la décision et conseille aux patients ayant consommé du Mediator de consulter leur médecin. Son fondateur, Jacques Servier continue quant à lui de contester qu'il ait été possible de formuler le moindre doute avant la publication d'études parues en 2008. En octobre 2010, une étude réalisée par la Caisse nationale d'assurance maladie (CNAM) à partir de cas d'un million de diabétiques conclut à une multiplication par quatre du nombre de valvulopathies chez les patients traités avec le Mediator.

Dans son article *Entre dialogisme et antagonisme : le Parlement comme espace de résolution des controverses*[169], Clément Viktorovitch, politiste, estime qu'avant 2010, il est « hors de doute » que l'on se trouve devant une « controverse médicale » au sens le plus stricte du terme, c'est-à-dire restreinte au seul public des pairs. Il observe qu'aucun article de presse parmi les trois quotidiens qu'il a retenus dans son étude ne mentionne le médicament Mediator. Ainsi, la polémique serait restée confinée au milieu médical, depuis son émergence jusqu'à la prise de décision d'une agence de l'État. Ce n'est qu'à partir de la publication du livre d'Irène Frachon en juin 2010, *Mediator 150mg : Combien de morts ?*, que la controverse sort de ce cadre restreint et devient scandale. La dangerosité du Mediator est alors avérée. Le débat qui devient public à la suite du scandale se déplace alors sur la question de l'indemnisation des victimes. La controverse n'est plus médicale, elle devient « médico-judiciaire », puisque de nombreuses stratégies contentieuses peuvent être envisagées. Notons que dans le cadre des prothèses PIP, cette question reviendra et s'avèrera d'autant plus compliquée qu'en raison de l'aspect international, plusieurs voies s'offrent aux porteuses de ces implants mammaires pour obtenir l'indemnisation de leurs préjudices[170].

A. Gestion politique

Selon Claude Gilbert et Raphaël Laurence[171], les deux principales crises sanitaires survenues sous la présidence de Nicolas Sarkozy (gestion de la pandémie grippale H1N1 et Mediator) « semblent être la simple répétition de crises précédentes ». Cependant, même si « rien n'apparaît avoir fondamentalement changé », ils observent des « inflexions dans l'approche des problèmes sanitaires qui donnent lieu à une gestion de plus en plus « politique » ». Le bilan général qu'ils dressent de la gestion de ces deux crises est celui d'un « indéniable volontarisme politique » et de la transformation du poste de ministre de la santé. Ils s'appuient notamment sur l'analyse du risque effectuée par Olivier Borraz[172]. Selon ce sociologue, lorsque certaines activités sont qualifiées de « risques », y compris dans le domaine de la sécurité sanitaire, elles peuvent faire l'objet d'un double traitement, politique et technique. De tels cas sont alors gérés en fonction des « risques politiques » qu'ils impliquent. C'est ainsi que Claude Gilbert et Raphaël Laurence évoquent un « possible divorce entre des gestions de plus en plus politiques des problèmes sanitaires et une gestion effectuée au plus près des problèmes à résoudre, prenant en compte les recommandations des experts comme des académiques pour ce qui a trait à la réduction des incertitudes, la flexibilité des décisions, l'intégration des réactions du public, etc. »[173].

Par exemple, dans l'affaire du Mediator, Xavier Bertrand, alors ministre du Travail, de l'Emploi et de la Santé, a condamné publiquement le laboratoire Servier et s'en est désolidarisé à plusieurs reprises. À ce titre, notons que lorsque celui-ci est interrogé sur une chaîne de télévision, c'est à la première personne qu'il s'exprime : « Je veux tout savoir sur ce dossier » ; « J'attends le rapport qui sera fait par l'Igas ». Même lorsqu'il évoque « la vraie question (…) de la dangerosité », il précise que « si quelqu'un savait qu'il y avait une dangerosité parmi les experts, quelle décision, quelle information ont été prises ou devaient être prises, (…), ça c'est l'Igas qui doit me le dire et me répondre noir sur blanc »[174].

Bien que Xavier Bertrand a reconnu « des graves défaillances » de leur « police du médicament », il a insisté sur le fait que « la réparation doit venir du laboratoire qui connaissait parfaitement son médicament »[175]. Il a ainsi mis en avant le refus du laboratoire pharmaceutique de « coopération, collaboration avec les autorités sanitaires » et a ajouté que l'« on voit bien qu'il y a un avant et un après Mediator et qu'aujourd'hui, le doute ne devra plus jamais bénéficier à l'entreprise ; que le doute bénéficie aux patients, soit ! mais pas à l'entreprise »[176]. Il a également sommé Servier de « tenir ses engagements une fois pour toutes » en déclarant, à propos d'éventuelles plaintes contre des médecins ayant prescrit le Mediator hors autorisation de mise sur le marché, qu'il attendait du groupe pharmaceutique « qu'ils assument leurs responsabilités, ni plus ni moins. Parce que si les médecins ont prescrit du Mediator, ils ne l'ont pas fait par hasard. C'est parce que ça leur a été recommandé, notamment par les visiteurs médicaux. De qui ? De Servier ». De plus, il a menacé Servier d'une pénalité de 30 %, et non de 10 % comme prévu habituellement, s'il n'indemnisait pas les patients rapidement[177]. De tels propos ont été accueillis très favorablement par les victimes. Le Docteur Dominique-Michel Courtois, président de l'association d'aide aux Victimes du Mediator et de l'Isoméride a ainsi déclaré : « On attend de la fermeté de M. Bertrand et on est tout à fait sur la même longueur d'onde »[178].

Cependant, Maître Hervé Temime, avocat des laboratoires Servier, a estimé que l'intérêt des victimes ne permettait « certainement pas la démagogie et l'approximation »[179] et considère que leur responsabilité est partagée avec l'État. À cet égard, en mars 2011, Maître Alain Antoine, avocat de Saint-Denis de la Réunion, a déposé une plainte contre l'Agence française de sécurité sanitaire des produits de santé à Paris, auprès du de Pôle de santé publique, au nom de Chantal Ethève, 54 ans, présidente d'une association réunionnaise des victimes du Médiator, actuellement atteinte d'une « grave pathologie cardiaque ». Il accuse l'agence de ne pas avoir retiré le médicament alors que les premières alertes remontaient à 1999, en précisant à l'AFP que « cette négligence coupable pouvant s'analyser comme un véritable fait de complicité avec les laboratoires Servier et ayant causé entre 500 et 2 000 morts en France, impose que la responsabilité pénale de l'Afssaps soit recherchée dans ce dossier »[180]. En commentant cette plainte, Maître Hervé Temime a dit avoir été « extrêmement surpris qu'ils n'adoptent pas cette position parce qu'à l'évidence, si responsabilité il y a, cette responsabilité est partagée » et a ajouté : « on ne veut pas être les seuls responsables alors que ce n'est absolument pas le cas. Ce serait d'une hypocrisie inadmissible que de stigmatiser les laboratoires Servier comme seuls responsables »[181].

En avril 2014, malgré le décès de Jacques Servier, les juges ont annoncé avoir clôturé le volet tromperie et escroquerie de leur enquête sur le Mediator. Maître François de Castro, avocat chargé de la défense des laboratoires Servier, juge « tout à fait exceptionnel » que les investigations des magistrats n'aient « même pas duré trois ans » alors qu'elles portent sur une période de quarante ans[182]. Pour lui, cela traduit une « volonté d'en finir si vite, avec l'accord du parquet » qu'il qualifie de « suspecte ». En réaction, ceux-ci ont alors exigé une contre-expertise, car ils sont en « profond désaccord scientifique avec ces experts judiciaires » et qu'ils estiment que la question de l'impartialité de l'un des trois auteurs de l'expertise se pose.

B. Gestion par le droit

1. Réparation : indemnisation

Dans un premier temps, le laboratoire Servier propose de contribuer rapidement au financement d'un fond pour les victimes, à la condition que les personnes indemnisées renoncent à toute poursuite judiciaire. Bien que le groupe reconnaît la dangerosité du Mediator, il refuse de reconnaître sa responsabilité et impute la faute aux médecins prescripteurs qui devraient ainsi être les « payeurs »[183]. Cependant, l'ensemble des associations rejette cette proposition. Les parties ne parvenant à trouver un accord, c'est au législateur de trancher, et donc de reconnaître éventuellement la part de responsabilité de certains.

Ainsi, dans le cadre de la gestion politique, les décideurs choisissent de ne pas faire peser l'indemnisation sur la solidarité nationale afin de ne pas exonérer le laboratoire Servier. L'indemnisation s'effectue donc sur la base d'une disposition de la loi dite « Kouchner » du 4 mars 2002 qui permet de confier à l'Office national d'indemnisation des accidents médicaux (ONIAM) une mission de « facilitateur ». Celle-ci implique qu'il favorise un règlement à l'amiable entre les victimes et le laboratoire. Dans le cas où cela s'avère impossible, l'ONIAM indemnise directement les patients, avant de se retourner contre les responsables pour obtenir remboursement. L'article 22 du Projet de loi de finances rectificative de 2011 contient un « article relatif à l'indemnisation des victimes du Mediator » qui amende de manière légère ce dispositif, notamment l'article L. 1142-22 du Code de la santé publique, afin de l'adapter au cas du Mediator.

Entrée en vigueur le 1er septembre 2011, la procédure de ce dispositif d'indemnisation des victimes constitue toutefois un « échec » selon la Cour des comptes et connaît notamment des délais de traitement trop longtemps, un nombre limité de bénéficiaires en raison « dysfonctionnements (...) ayant de lourdes conséquences pour les victimes »[184]. Ainsi, la Cour des comptes estime que : « en l'état actuel de sa gestion, il serait aventureux de confier à l'Oniam la mission d'indemniser les victimes de la Depakine », un médicament antiépiléptique pris par près de 14 000 femmes enceintes entre 2007 et 2014 et à l'origine de malformations chez leurs enfants.

2. Responsabilité

La question de l'indemnisation est directement liée à celle de la responsabilité. Le 22 octobre 2015, le tribunal de grande instance de Nanterre reconnaît, pour la première fois, la responsabilité civile des Laboratoires Servier. Il estime que les laboratoires Servier ont laissé sur le marché un « médicament défectueux » dont ils ne pouvaient « ignorer les risques » et que la seule suspicion de ces risques (valvulopathies et hypertension artérielle pulmonaire) les obligeait à « en informer les patients et les professionnels de santé », notamment dans la notice d'utilisation. « Un lien direct et certain » entre la prise du Mediator et la survenue de valvulopathies est également reconnu. Le groupe Servier a donc été condamné à indemniser le préjudice de deux malades qui doivent recevoir 27 000 € pour l'une autre 10 000 € pour l'autre. Aucune victime présumée du Mediator n'avait jusque-là été indemnisée judiciairement, les tribunaux ayant seulement accordé des provisions. Cet arrêt est confirmé par la Cour d'appel de Versailles le 14 avril 2016[185].

En ce qui concerne la responsabilité pénale des laboratoires Servier pour « tromperie aggravée, prise illégale d'intérêt » mais aussi « blessures et homicides involontaires », le procès ne devrait pas avoir lieu avant 2019[186].

Le procureur de la République de Paris, François Molins,

estime que : « Un constat objectif s'impose : on ne peut que déplorer que, sur six ans de vie de ce dossier d'information, qui a été ouvert en février 2011, moins de trois ans aient été consacrés aux investigations et les trois années suivantes aient été exclusivement consacrées à la procédure à la suite des multiples demandes et recours faits par la défense des mis en cause, sans d'ailleurs que ce soit encore terminé. D'aucuns diraient que si la procédure est la sœur des libertés, elle peut devenir la cousine de la mauvaise foi. » François de Castro, le conseil de Servier, répond que : « Je n'ai pas à me positionner sur les moyens de la justice. Les délais d'audiencement sont trop longs, bien sûr, et chacun sait que la justice est surchargée. Il appartient au pouvoir exécutif de la doter de moyens adéquats. Ma préoccupation est que ce dossier soit instruit tous azimuts. Or l'instruction concernant l'Agence du médicament a été enterrée. » Les parties civiles, quant à elles pointent un « manque de volonté de la justice ». L'un de leurs avocats s'insurge notamment, puisque d'après lui, « Il n'y a pas d'éléments objectifs pour expliquer que ce dossier se soit embourbé à la chambre de l'instruction. Servier a encore un réseau d'influence, c'est un gros laboratoire français employant 21 000 personnes dans le monde avec, pour marque de fabrique, une proximité avec les politiques de tous bords. »[187]

S'agissant de la responsabilité de l'État, le Conseil d'État décide le 9 novembre 2016[188] que « toute faute commise par les autorités chargées de la police sanitaire relative aux médicaments est de nature à engager la responsabilité de l'État » et confirme l'arrêt de la Cour administrative d'appel de Paris du 31 juillet 2015 en ce que, puisqu'avant mi-1999, les autorités sanitaires « ne disposaient pas d'informations sur l'existence d'effets indésirables en lien avec le benfluorex (…) ce n'est qu'à partir de 1999 que l'État a commis une faute en ne prenant pas de mesures de suspension ou de retrait de l'autorisation de mise sur le marché du Mediator ». Cependant, il casse cet arrêt en jugeant que les « agissements fautifs » du laboratoire pharmaceutique Servier dans l'affaire Mediator étaient « de nature à exonérer l'État de tout ou partie de l'obligation de réparer les dommages subis par les patients qui ont utilisé le Mediator ».

Dans son article *Santé publique et démocratie : l'affaire du Médiator*[189], Patrick Troude-Chastenet, politiste, se demande : « Le désastre sanitaire provoqué par le Médiator signifie-t-il malheureusement que la dramatique affaire du sang contaminé n'a même pas eu de vertus pédagogiques ? » Rappelons dans un premier temps la thèse d'Olivier Beaud à propos de l'affaire du sang contaminé et de la criminalisation de la responsabilité des gouvernants sur laquelle il s'appuie[190]. Selon ce juriste qui a étudié les questions implicites soulevées par les diverses formes de responsabilité dans cette affaire, la responsabilité pénale des ministres a pleinement absorbé la responsabilité politique. Ainsi, cette criminalisation a empêché de mettre en lumière les dysfonctionnements du système polio-administratif, « le procès des hommes a permis de faire l'économie de celui des institutions ». À partir de ce constat, Patrick Troude-Chastenet conclut que « les experts chargés de la pharmacovigilance viennent de nous administrer la preuve qu'ils n'étaient pas chargés de dire le bon grâce au vrai. Manipulés par leurs confrères de Servier, en position de conflit d'intérêts pour certains ou simplement en situation de corporatisme et d'endogamie pour d'autres, ils ont ignoré les alertes lancées çà et là ». Selon lui, tant que les gouvernants suivront « aveuglément » les avis de ces techniciens, « il faudra s'attendre à de nouvelles affaires où la désignation de boucs émissaires ne fera que masquer un problème structurel à défaut de le résoudre ». En effet, dans l'affaire du sang contaminé, il a été mis en avant que la décision ne pouvait pas se baser sur la balance coûts/avantages lorsque les coûts sont inconnus, lorsqu'il s'agit de « risques potentiels ». Patrick Troude-Chastenet distingue ainsi l'avis « technique » de l'expert de la décision « éthique » du politique, « le premier ne pouvant aucunement décharger le politique de la souveraineté d'une décision qui lui appartient en propre »[191]. Le rapport de l'Inspection générale des affaires sociales va dans ce sens en affirmant que la sécurité sanitaire est une « prérogative régalienne de l'État ». Il convient donc de régler le problème récurrent du conflit d'intérêts, puisqu'il a un impact sur la prise de décision « éthique » des politiques[192].

3. Prévention : conflits d'intérêts

Dans leur analyse de l'affaire du Mediator, Claude Gilbert et Raphaël Laurence[193] mettent en avant « de multiples conflits d'intérêts concernant les experts en lien avec l'Agence française de sécurité sanitaire des produits de santé (Afssaps) ; des suspicions de connivence entre le laboratoire Servier et une partie de la classe politique, etc. ». Ils considèrent que cette crise s'explique plus par des problèmes structurels que conjoncturels : « faiblesse de l'expertise interne de l'agence, multiples formes de dépendance des experts à l'égard des grandes firmes pharmaceutiques, absence de véritable encadrement politique ». De plus, ils perçoivent une instrumentalisation de la crise du Mediator qui a été utilisée comme un « argument pour précipiter les réformes », tout en précisant « qu'une fois définitivement écarté le *risque de scandale*, des principes de réalité prévalent, limitant l'ampleur des changements annoncés ».

De leur côté, étudiant le conflit d'intérêts dans le milieu médical, Jérôme Janvier, Didier Raoult, Laurence Camoin et Pierre Le Coz[194] mettent en avant qu'après la révélation de l'affaire du Mediator en 2010, le « vide juridique » provoqué par l'absence de définition du conflit d'intérêts en droit français est devenu « intenable », d'où la nécessité d'adopter des dispositions législatives. Jusqu'alors, les juges s'appuyaient sur des recommandations européennes ou la jurisprudence. Les qualifications pénales leur permettaient de sanctionner certains faits étaient la prise illégale d'intérêts[195], l'abus de pouvoir[196] ou le délit de corruption[197]. Cependant, ces auteurs observent que « l'idée de conflit d'intérêts s'est récemment imposée dans les consciences, sans que le droit français ait pu pleinement l'intégrer à sa littérature, faute de pouvoir nommer précisément ce qu'elle désignait ».

Selon le Conseil de l'Europe, « un conflit d'intérêts naît d'une situation dans laquelle un agent public a un intérêt personnel de nature à influer ou paraître influer sur l'exercice impartial et objectif »[198]. À cet égard, Cécile Thepot-Olagne[199], juriste, précise que « les activités publiques ne sont pas les seules à être menacées par l'existence de conflits d'intérêts : tout décideur, qu'il intervienne dans le secteur privé ou dans le secteur public peut être influencé par des intérêts personnels susceptibles d'affecter son indépendance de jugement ». On comprend donc que l'expertise soit particulièrement sujette à ce type de phénomènes, puisque l'expert a la capacité de favoriser, accélérer ou orienter la décision qui sera prise[200].

Dans le cas du Mediator, alors que d'importants risques pour la santé avaient été soulevés, les liens entre certains experts intervenant au sein de l'Agence française de sécurité sanitaire des produits de santé et les laboratoires Servier ont retardé de manière considérable la décision de retirer le médicament du marché. L'Inspection générale des affaires sociales souligne ainsi en 2010 « l'incompréhensible tolérance de l'agence à l'égard du Mediator »[201]. Alors que l'entreprise pharmaceutique Servier décide de retirer le Mediator du marché espagnol en 2003, puis italien en 2004, le médicament reste en circulation en France jusqu'en 2009. Cela peut s'expliquer par le manque de moyens juridiques dont disposent les victimes ou « lanceurs d'alerte » pour contrôler ou sanctionner les experts en potentielle situation de conflits d'intérêts.

En guise de réaction, le législateur a dans un premier temps opté pour une logique de « l'entre-soi ». La Loi 19 décembre 2011[202] relative au renforcement de la sécurité sanitaire du médicament et des produits de santé, dite « loi Bertrand », a apporté une réponse « déontologique » au problème en insistant sur l'obligation de transparence, notamment à travers la déclaration des liens d'intérêts et l'établissement d'une charte de l'expertise sanitaire. Par la suite, bien que des décrets ont renforcé l'encadrement juridique de ces mesures[203], leur régime n'en demeure pas moins de nature déclarative. En 2013, en raison de la multiplication des dénonciations par les médias des connivences entre représentants de l'autorité publique et laboratoires privés de l'industrie pharmaceutique, le législateur poursuit ses réformes préventives en faveur de la transparence[204]. C'est dans cette démarche que s'inscrit la loi du 16 avril 2013 promulguée afin de garantir « l'indépendance de l'expertise en matière de santé et d'environnement et la protection des lanceurs d'alerte » [205]. Six mois plus tard, dans la loi du 11 octobre 2013[206] relative à la transparence de la vie publique, le conflit d'intérêts sera pour la première fois définie par le législateur comme « toute situation d'interférence entre un intérêt public et des intérêts publics ou privés qui est de nature à influencer ou paraître influencer l'exercice indépendant, impartial et objectif d'une fonction ».

II. Les scandales sanitaires postérieurs: banalisation d'une récurrence, signe de dysfonctionnements

En 2016, deux nouveaux « scandales » sanitaires ont éclaté et se sont transformés en « affaires ». Il est étonnant de constater la quantité de caractéristiques qu'ils partagent avec les cas que nous avons étudiés dans les parties précédentes de cet ouvrage.

A. Les implants de contraception définitive Essure

1. Présentation du scandale

En décembre 2016, les implants de contraception définitive Essure font l'objet d'une première action en justice. L'avocat Charles Joseph-Oudin, portant la requête de deux plaignantes et travaillant sur 28 cas similaires, contre le fabricant, le laboratoire pharmaceutique allemand Bayer, estime que ce n'est « que le début d'un très gros dossier de santé publique. »

Depuis leur mise sur le marché en 2002, 1 million de femmes y ont eu recours dans le monde, dont 240 000 en France. L'Agence nationale de sécurité du médicament (ANSM) a placé ce dispositif médical, remboursé par la Sécurité sociale, « sous surveillance renforcée » depuis 2015[207] et elle a créé, en avril 2017, un Comité Scientifique Spécialisé Temporaire (CSST) chargé de donner un avis sur le rapport bénéfice/risque de l'implant.

Le nombre de signalements d'effets secondaires serait déjà en augmentation en France : « 42 en 2012, 58 en 2013, 142 en 2014, 242 en 2015 et 162 entre janvier et octobre 2016 »[208]. Cette méthode de stérilisation provoquerait des « troubles hémorragiques, mais aussi troubles neurologiques avec parfois paralysie temporaire ou permanente, douleurs du dos ou de la nuque, troubles ORL (épisode de surdité…) » rapporte Maître Joseph-Oudin[209].

Alors qu'en France, l'association Resist appelle les femmes à ne pas avoir recours au dispositif médical Essure, « au nom du principe de précaution, en attendant les résultats d'études sur ses effets indésirables »[210], au Brésil, l'Agence nationale de surveillance sanitaire (Anvisa) a pris la décision, entrée en vigueur le 20 février 2017, de retirer l'implant du marché et de suspendre son importation, sa vente, sa distribution et son utilisation. L'agence précise que le produit « peut provoquer des modifications des saignements menstruels, des grossesses non désirées, des douleurs chroniques, une perforation et une migration du dispositif, une allergie et une sensibilité ou des réactions de type immunitaire, et a donc été considéré comme présentant un risque maximal »[211].

Aux États-Unis, plus d'un millier de femmes ont entamé des actions judiciaires coordonnées contre Essure. En février 2016, après avoir examiné 2 800 plaintes, parmi les 9 500 plaintes déposées[212], et pris en considération les recommandations d'un comité d'experts, the Obstetrics and Gynecology Devices Panel of the Medical Devices Advisory Committee, et de patientes, en septembre 2015, la Food and

Drug Administration (FDA)[213] a imposé à Bayer de mentionner dans la rubrique « avertissements »[214] les risques « for implant perforation, device migration, allergic reaction, pain, and other possible adverse events ».

Fidelma Fitzpatrick, l'une des avocates des victimes, rapporte que « suite à une audition, où toutes les parties ont été entendues, les autorités sanitaires américaines ont décidé d'appliquer le niveau d'alerte maximale au produit et de demander des études plus poussées » [215]. Elle ajoute que : « le coup de pression » de la FDA est également censé exiger des médecins un recueil plus « strict du consentement des patientes, trop souvent laissées dans l'ignorance des risques ». Elizabeth Graham, une autre avocate américaine travaillant sur ce dossier, perçoit dans cette décision une opportunité judiciaire, car « aux États-Unis, quand la FDA donne son accord pour un médicament ou un dispositif, attaquer le laboratoire est très difficile. Nous pouvons maintenant demander que justice soit faite pour ces femmes »[216]. Puisque Bayer, et Conceptus qui a initialement développé l'implant, sont deux entreprises incorporées dans l'État de Californie, Elizabeth Graham explique que toutes les femmes des États-Unis peuvent joindre leur dossier à la procédure californienne. Elle précise que leur cabinet coordonne les plaintes de 750 femmes. Fidelma Fitzpatrick dénombre à plus d'un millier les femmes américaines impliquées dans la « bataille judiciaire contre Essure ». Ces deux avocates et leurs collègues affirment en outre détenir la preuve qu'Essure a, le dès le début des années 2000, sciemment dissimulé des plaintes de femmes et de médecins. Elizabeth Graham explique que le laboratoire « n'a pas fait remonter les accidents graves dont il avait connaissance à la FDA, une fois la mise sur le marché obtenue, alors même que la loi l'y obligeait. Nous le savons, car des femmes et des médecins ont témoigné. Ce sont des milliers de plaintes qui n'ont jamais été rapportées. (...) Pire, Bayer a constamment misé sur un marketing mensonger et agressif, présentant Essure comme une option « sans danger » comparativement à la ligature des trompes. » Les actions judiciaires contre Essure se fondent donc sur le « manquement à ses obligations » et le « marketing agressif et mensonger ».

2. Problèmes soulevés

Au vu des éléments de cette affaire, plusieurs questions se posent. Quel est l'enjeu principal de ces procès ? Fidelma Fitzpatrick répond que ce que les plaignantes veulent, « c'est savoir ce qui s'est passé et obtenir de Bayer qu'il fasse son devoir de mise en garde. ». Elle précise également que « de toute façon, c'est déjà trop tard pour les femmes que nous représentons »[217]. Ainsi, partant du constat qu'une réparation en nature, idéale, est impossible, l'avocate souligne que des dommages et intérêts ne sauraient satisfaire pleinement les victimes qu'elle représente. Alors qu'en droit civil « ce qui s'est passé » prendrait la forme de preuves instrumentalisées pour obtenir réparation, en droit pénal, « ce qui s'est passé » représente la fin du procès, la qualification pénale étant l'un des enjeux de ce type de procédures. Il nous faut donc distinguer la conception de la « vérité », en tant que moyen ou fin.

Comment s'articulent les différents systèmes nationaux ? L'affaire des implants contraceptifs Essure illustre certaines disparités, notamment d'ordre temporel, dans le traitement des « scandales sanitaires » par les États. À travers l'exemple de l'amiante, nous avons constaté que ces disparités sont d'autant plus importantes lorsque les décisions judiciaires auxquelles aboutissent les procédures nationales sont contradictoires.

B. Le médicament anti épileptique Dépakine

1. Présentation du scandale

En septembre 2016[218], le parquet de Paris accueille favorablement la nouvelle plainte contre la Dépakine, médicament anti épileptique susceptible de provoquer de lourdes atteintes sur le fœtus s'il est pris par une femme enceinte, déposée par Marine Martin, présidente de l'association Apesac (Association d'aide aux parents d'enfants souffrant du syndrome de l'anti convulsivant). Il aura fallu un an d'enquête préliminaire afin que l'instruction soit ouverte pour « tromperie sur les risques inhérents à l'utilisation du produit et les précautions à prendre ayant eu pour conséquence de rendre son utilisation dangereuse pour la santé de l'être humain », ou tromperie aggravée, et blessures involontaires. Les investigations porteront sur la période de 1990 à avril 2015. En février 2016, l'Inspection générale des affaires sociales (IGAS) avait rendu un rapport qui soulignait la « faible réactivité » de Sanofi, le laboratoire commercialisant la Dépakine, et de l'ANSM, « qui n'ont pas suffisamment informé des risques connus pour les patientes enceintes ». La responsabilité des médecins qui continuaient à prescrire cette molécule aux femmes enceintes en dépit d'effets secondaires manifestes était également interrogée. En effet, les malformations étaient connues depuis les années 1980 et les risques neuro-développementaux ont commencé à émerger au milieu des années 1990. En outre, bien qu'à partir de 2006, la Dépakine a été déconseillée en cas de grossesse et qu'en novembre 2014, un arbitrage européen a répertorié l'ensemble des risques, des femmes en âge de procréer continuent à en prendre, environ 50 000 femmes en janvier 2016[219].

En août 2016, le ministère de la Santé a reconnu que plus de 14 000 femmes enceintes avaient été « exposées » entre 2007 et 2014. En novembre 2016, le Parlement a voté un « fonds Dépakine », dotation de 10 millions d'euros. Cependant, l'épidémiologiste Catherine Hill estime que celui-ci sera largement insuffisant, puisque le coût des dommages s'élèverait à près de 5 milliards d'euros[220]. La justice devra trancher à qui il incombe d'indemniser les victimes, une vingtaine de procédures au civil, au pénal et devant le tribunal administratif contre l'Agence nationale de sécurité du médicament et des produits de santé (ANSM) ayant déjà été introduites en plus d'une action de groupe déposée contre Sanofi en décembre dernier. À cet égard, aux Etats-Unis, Abbott, détenteur de la licence cédée par Sanofi, a été jugé seul responsable[221]. Plus de 800 plaintes ont été déposés et en 2015, les juges de première instance ont condamné le laboratoire pharmaceutique à verser 38 millions de dollars aux parents d'une enfant lourdement handicapée. Ils ont considéré qu'Abbott « n'avait pas voulu communiquer sur la vraie nature et l'ampleur des risques, que ce soit par le packaging du médicament, ou en avertissant les médecins et les consommateurs ». Abbott a également accepté de payer une amende de 1,6 milliard de dollars dans le cadre de la commercialisation de son traitement Depakote hors autorisation de mise sur le marché comme traitement contre la démence sénile. Dans le détail, 800 millions de dollars sont destinés à mettre fin aux accusations au civil et 700 millions pour mettre fin aux poursuites pénales, 100 millions sont versés aux États américains concernés pour résoudre des questions de protection des consommateurs, le département américain de la Justice indiquant qu'Abbott a passé un accord amiable avec l'Etat fédéral et 49 Etats américains auquel se joint le district de Columbia pour « mettre fin à toutes les questions en suspens à propos de ventes et pratiques de commercialisation passées liées au Depakote »[222].

2. Problèmes soulevés

Bien que la molécule controversée soit commercialisée à l'international par deux laboratoires différents, dans le cadre de cette affaire, en plus d'observer de nouveau des disparités d'ordre temporel, nous pouvons nous interroger sur la charge de la réparation. Est-il « juste », qu'avant même la tenue des procès, l'État français, sur le principe de solidarité nationale, alimente un fonds, insuffisant, destiné à indemniser les victimes, alors qu'aux États-Unis, c'est le laboratoire que la justice a déjà condamné à payer ?

CONCLUSION

Fonction sociale et anthropologique du droit pénal

En 2016, on voit apparaître l'expression « scandale à retardement » au sujet de la Dépakine[223]. Dès 2012, les scandales sanitaires sont déjà qualifiés par certains journalistes de « bombes à retardement »[224]. Le terme « scandale » qui semble être devenu une interjection prend alors pleinement son sens antéprédicatif. Comme seule une onomatopée permet de retranscrire la sidération suscitée par ce type d'événements, on « crie au scandale », faute de pouvoir mettre des mots sur un ressenti subjectif. Par ce processus narratif, l'indignation est décrétée objet d'unanimité, partagée par la société dans son entier et elle n'évoque qu'une réaction du public : une demande d'action. En plus d'acquérir un caractère public, le scandale se fait spectaculaire. Il suit la typologie épique et désormais, il a ses héros, ses adjuvants et ses opposants. *La fille de Brest* est un film français sorti en 2016. Réalisé par Emmanuelle Bercot, il adapte au cinéma le livre d'Irène Frachon, *Mediator 150 mg : combien de morts ?*[225] Selon la pneumologue, bien qu'elle regrette que les soutiens que lui ont adressé des politiques tels que Xavier Bertrand ou Gérard Bapt soient absents du film, « toute l'histoire est là »[226]. Hormis certains ajustements de caractère par la réalisatrice visant à rendre les personnages plus « intéressants », la réalité contenait déjà en elle-même les éléments d'un excellent scénario. En 2000, aux Etats-Unis, c'est une autre affaire qui est adaptée au cinéma par Steven Soderbergh : *Erin Brockovich, seule contre tous* (*Erin Brockovich*). Celui-ci retrace l'histoire d'Erin Brockovich qui découvre qu'une société de distribution d'énergie, la Pacific Gas and Electric Company (PG&E), filiale d'une grosse société, rachète les maisons d'une petite ville de Californie où de nombreux habitants sont touchés par d'importants problèmes de santé, dont des cancers. Menant son enquête seule, elle parvient à établir que ces maladies sont causées par l'eau potable contenant des rejets toxiques issus de l'eau de refroidissement de l'usine. À l'aide des preuves qu'elle rassemble, elle parvient à obtenir un dédommagement de l'entreprise pour chacune des victimes. Nous retrouvons ici une vision « économique » de la justice qui ne satisfait pas les victimes dans les cas que nous avons étudiés dans cette étude. À ces scandales devenus des drames, il manque en effet un élément crucial de la dramaturgie : la catharsis.

Le procès pénal, comme la tragédie, peut opérer une catharsis. Gérard Soulier, juriste, qualifie cet effet salutaire de « psychothérapie collective »[227]. William Marx, professeur de littérature, va jusqu'à évoquer la dimension physiologique dont est dotée la catharsis, ou purification des passions, chez Aristote : « Il s'agit, ni plus ni moins, que d'une action d'équilibrage du mélange humoral. »[228]

Pour Émile Durkheim, l'effet du procès pénal n'est pas limité aux seules parties de l'instance judiciaire, mais il est susceptible de toucher l'ensemble du corps social : « [la peine] ne sert pas, ou ne sert que très secondairement à corriger le coupable ou à intimider ses imitateurs possibles ; à ce double point de vue son efficacité est justement douteuse et, en tout cas, médiocre. Sa vraie fonction est de maintenir intacte la cohésion sociale (...) Il faut que [la conscience commune] s'affirme avec éclat au moment où elle est contredite, et le seul moyen de s'affirmer est (...) un acte authentique (...) une douleur infligée à l'agent (...) le signe qui atteste que les sentiments collectifs sont toujours collectifs (...) Si donc, quand [le crime] se produit, les consciences qu'il froisse ne s'unissaient pas pour se témoigner les unes aux autres qu'elles restent en communion, que ce cas particulier est une anomalie, elles ne pourraient pas ne pas être ébranlées à la longue. Mais il faut qu'elles se confortent en s'assurant mutuellement qu'elles sont toujours à l'unisson. »[229] Un tribunal doit donc être établi afin d'organiser la réaction collective. À cet égard, Antoine Garapon, juriste et ancien magistrat, évoque le geste « architectural et symbolique » du rituel judiciaire[230]. Selon lui, il s'agit de délimiter un espace qui tienne à distance l'indignation morale et la colère publique. Nous retrouvons ici les caractéristiques du concept de « scandale » que nous avons étudié au cours de cet ouvrage.

Par ailleurs, on peut assigner à la peine un objectif de renforcement symbolique des normes et souligner que le quantum de la peine prononcée ainsi que sa nature permettent d'estimer les valeurs qu'une société décide de protéger. Ici, le fait de n'indemniser qu'au civil des victimes ou leurs ayant-droits pourrait faire scandale en lui-même : la vie n'a qu'une valeur pécuniaire et les responsables ne sont pas même jugés, puisqu'il n'existe pas de qualification juridique adéquate.

Nous pouvons alors nous appuyer sur les propos d'Alain Supiot, juriste, dans son ouvrage *Homo juridicus, Essai sur la fonction anthropologique du Droit*[231] : « L'univers des lois est infiniment plus grand que celui du Droit. Le Droit est la manière dont l'Occident ordonne les règles que s'imposent les hommes. Il est l'héritier du *ius*, qui désignait les formules par lesquelles s'exprime la justice ; mais, construit sur l'idée de direction (*directum*), il joint à l'idée de justice celle de la ligne de conduite, déjà présente la *regula* (règle) ou la *norma* (équerre) latine. Règle, équerre, lignes et angles droits : avec le droit, la justice devient une affaire de tracé géométrique plus que de casuistique ». Ainsi, seul le « juge » semble avoir gardé du *ius* l'idée de justice. Nous aurions alors pu espérer du juge français qu'il soit plus « juste » dans ses décisions, qu'il adapte la loi aux cas, or, pour les raisons que nous avons étudiées dans cet ouvrage, nous comprenons qu'il n'en a pas les moyens : ni les outils législatifs ni les outils humains, voire l'indépendance vis-à-vis du politique. Par conséquent, un droit pénal de la santé s'impose.

Droit pénal de la santé publique en France

Cette branche du droit devrait prendre en considération les éléments propres aux cas que nous avons étudiés. D'abord, à partir du constat que les « scandales ; crises ; affaires » sanitaires ne sont pas des catastrophes : causalité indirecte ; temporalité étirée. Le juge civil a su adapter sa jurisprudence à ces spécificités, le droit pénal devrait pouvoir en faire de même.

Ensuite, nous pouvons nous référer au caractère « mafieux » de ces cas, tel mis en avant dans l'introduction de cet ouvrage. En droit français, on trouve la notion de « bande organisée » à l'article 132-71 du Code pénal : « Constitue une bande organisée tout groupement formé ou toute entente établie en vue de la préparation, caractérisée par un ou plusieurs faits matériels d'une ou de plusieurs infractions. » Cette qualification est très proche de la définition de l'association de malfaiteurs que l'on trouve à l'article 450-1 du Code pénal : « Constitue une association de malfaiteurs tout groupement formé ou entente établie en vue de la préparation, caractérisée par un ou plusieurs faits matériels, d'un ou plusieurs crimes ou d'un ou plusieurs délits punis d'au moins cinq ans d'emprisonnement. » Alors que le champ d'application de l'association de malfaiteurs est de portée générale et concerne la commission d'un ou plusieurs crimes et un ou plusieurs délits punis d'au moins cinq ans d'emprisonnement, la notion de bande organisée ne peut être associée qu'aux incriminations listées à l'article 706-73 du Code de procédure pénal, dont le meurtre[232]. Le juge de cassation a également établi que « la bande organisée suppose la préméditation des infractions et, à la différence de l'association de malfaiteurs, une organisation structurée entre ses membres ».[233] Cela signifie que la bande organisée requiert une organisation hiérarchisée afin d'être qualifiée. De plus, le juge a estimé que la seule constitution d'une équipe de plusieurs malfaiteurs ne peut suffire à qualifier la bande organisée dès lors que cette équipe ne répond pas au critère supplémentaire de structure existant depuis un certain temps et que les équipes de malfaiteurs ne seraient pas toujours constituées de la même manière mais de façon variable avec trois, quatre ou cinq membres. Par conséquent, nous retiendrons la qualification d'association de malfaiteurs. Contrairement à l'association de malfaiteurs, la bande organisée n'est pas une infraction pénale autonome, elle constitue une circonstance aggravante de nature à augmenter la peine encourue par la personne aggravant l'infraction du fait de son appartenance à une telle bande.

S'agissant de l'homicide involontaire, en droit français il est un délit, et non un crime, défini par l'article 221-6 du Code pénal et désigne : « Le fait de causer, dans les conditions et selon les distinctions prévues à l'article 121-3, par maladresse, imprudence, inattention, négligence ou manquement à une obligation de prudence ou de sécurité imposée par la loi ou le règlement, la mort d'autrui ». Il est puni de trois ans d'emprisonnement et de 45 000 euros d'amende, l'article dispose également que : « en cas de violation manifestement délibérée d'une obligation particulière de prudence ou de sécurité imposée par la loi ou le règlement, les peines encourues sont portées à cinq ans d'emprisonnement et à 75 000 euros d'amende. » L'acte qui a causé la mort est volontaire, mais le dommage n'est pas volontaire. Cette définition n'est pas adaptée aux cas que nous avons étudiés : même si la mort n'était pas une conséquence certaine des actes volontaires, la probabilité de celle-ci était élevée. C'est bien la connaissance du degré de cette probabilité qui « fait scandale », le caractère délibéré de ceux que le public perçoit comme responsables et coupables.

En plus des délits d'homicides et blessures involontaires, le délit de mise en danger de la vie d'autrui a été évoqué dans ces affaires. Il est défini par l'article 223-1 du Code pénal comme : « Le fait d'exposer directement autrui à un risque immédiat de mort ou de blessures de nature à entraîner une mutilation ou une infirmité permanente par la violation manifestement délibérée d'une obligation particulière de prudence ou de sécurité imposée par la loi ou le règlement ». Bien que cet article ait pu être appliqué, nous tenons à souligner son caractère délictuel et non criminel qui ne retranscrit pas la gravité des faits : le risque a été massivement réalisé.

Ainsi, le droit pénal français ne semble offrir aucune qualification qui ne convienne aux cas étudiés, dans la mesure où l'on ne retrouve pas le caractère « moral » des actes qui sont l'objet du scandale : la mise en danger délibérée de victimes pour des profits espérés.

Pertinence du recours au droit international pénal

En plus du caractère international évident de ces affaires, puisque les marchés pharmaceutiques, alimentaires et industriels sont globalisés et que des firmes multinationales sont impliquées, et en plus des injustices qui émanent des différents traitements nationaux que nous avons mis en avant, voire des inactions étatiques, nous pouvons insister sur la valeur symbolique d'une juridiction pénale internationale.

Dès 1999, des hémophiles américains estiment que les collectes de sang ayant eu lieu en prison jusqu'en 1994 en Arkansas et en Louisiane constituent des « crimes contre l'humanité »[234]. L'incrimination de crime contre l'humanité est créée en 1945 par l'article 6,c du Statut du Tribunal militaire de Nuremberg établi par la Charte de Londres. Elle désigne alors une « violation délibérée et ignominieuse des droits fondamentaux d'un individu ou d'un groupe d'individus inspirée par des motifs politiques, philosophiques, raciaux ou religieux »[235], nous pourrions ajouter « pécuniaires » pour les affaires de santé publique. Elle est définie conventionnellement pour la première fois par le Statut de Rome qui crée la Cour pénale internationale. Dans son préambule, il est affirmé que : « les crimes les plus graves qui touchent l'ensemble de la communauté internationale ne sauraient rester impunis et que leur répression doit être effectivement assurée par des mesures prises dans le cadre national et par le renforcement de la coopération internationale » ; qu'il y a lieu de « mettre un terme à l'impunité des auteurs de ces crimes et [de] concourir ainsi à la prévention de nouveaux crimes » ; « qu'il est du devoir de chaque État de soumettre à sa juridiction criminelle les responsables de crimes internationaux ». La Cour pénale internationale est donc une juridiction qui fonctionne selon le principe de complémentarité afin de maintenir un équilibre entre la souveraineté des États à poursuivre les présumés responsables de crimes internationaux et le développement d'une institution judiciaire autonome et indépendante. L'inclusion des crimes de santé publique dans ce Statut permettrait de sortir de situations de blocage comme c'est actuellement le cas avec l'amiante.

De plus, ce serait un message indéniablement fort compte tenu de la gravité de ces crimes. L'article 7 du Statut de Rome donne la liste des crimes de droit commun qui sont des crimes contre l'humanité dès lors qu'ils sont commis « dans le cadre d'une attaque généralisée ou systématique dirigée contre toute population civile ». L'alinéa k de l'article 7-1 ajoute à cette liste d' « autres actes inhumains de caractère analogue causant intentionnellement de grandes souffrances ou des atteintes graves à l'intégrité physique ou à la santé physique ou mentale ». L'article 7-2 précise que « Aux fins du paragraphe 1 : a) Par « attaque lancée contre une population civile », on entend le comportement qui consiste en la commission multiple d'actes visés au paragraphe 1 à l'encontre d'une population civile quelconque, en application ou dans la poursuite de la politique d'un État ou d'une organisation ayant pour but une telle attaque ». Ce cadre qui exige que « l'attaque » soit « le but » pose une limite à l'assimilation des crimes de santé publique à cette qualification, puisque le but est le profit. La création d'une nouvelle qualification serait donc opportune. Cependant, il est une caractéristique de ces crimes contre l'humanité qu'il conviendrait de conserver : cette action a été prévue à l'origine pour s'appliquer sans reconnaître le principe de non-rétroactivité des lois pénales. Ainsi, l'action contre les crimes contre l'humanité échappe à la notion de prescription au-delà de 30 ans.

En outre, dans de nombreux pays, l'expression d'opinions tendant à remettre en question la nature ou la réalité des crimes contre l'humanité, le négationnisme, est punie comme un délit.

L'Assemblée générale des Nations Unies a ainsi réitéré en 2007 sa condamnation de tout déni de l'holocauste[236]. On perçoit alors l'attachement à la fonction du droit pénal d'établir « la vérité » à laquelle les victimes semblent attachées.

Proposition

À partir de notre étude, nous concluons que la voie d'un droit pénal international, ou européen, de la santé publique est la solution qui convient le plus à « l'éthique de discussion » et aux attentes des « personnes concernées », tant dans l'adéquation des qualifications aux faits, que dans la lutte contre l'impunité et la prévention, que s'agissant de la symbolique. Une législation et une juridiction supranationale apparaissent être les seuls instruments capables de lutter contre les « mafias pharmaceutiques ». Carla Del Ponte, procureure des tribunaux pénaux internationaux pour l'Ex Yougoslavie et le Rwanda, exprime ainsi la réalité de cette répression en 2003 : « La justice pénale internationale est aujourd'hui plus qu'une idée : son processus est désormais irréversible et constitue inexorablement un pas en avant dans la lutte contre l'impunité dans et pour l'histoire de l'Humanité. »[237] Le domaine de la santé publique, « objectif commun », pourrait dans le futur profiter de cette révolution du droit.

Vers un droit international pénal de la santé publique ?

BIBLIOGRAPHIE

Articles de revue

Barbot J. Fillion E. « La dynamique des victimes. Les formes d'engagement associatif face aux contaminations iatrogènes (VIH et prion) », Sociologie et sociétés, Volume 39, Numéro 1, printemps, 2007, pp. 217-247.

de Blic D. Lemieux C. « Le scandale comme épreuve. Éléments de sociologie pragmatique », Politix, vol. 71, no. 3, 2005, pp. 9-38.

Carricaburu D. L'hémophilie au risque de la médecine. De la maladie individuelle à la contamination collective par le virus du sida. Paris : Anthropos ; 2000. 245 p.

Claude G. Laurence R. « Vers une gestion politique des crises sanitaires ? », Les Tribunes de la santé, 3/2011, n° 32, pp. 55-60.

Fillion E. « Affaires et redistribution des pouvoirs dans l'univers sanitaire : le cas du sang contaminé en France », Santé, Société et Solidarité, Année 2009, Volume 8, Numéro 2, pp. 71-77.

Fillion E. « Que font les scandales ? La médecine de l'hémophilie à l'épreuve du sang contaminé », Politix, vol. 71, no. 3, 2005, pp. 191-214.

Fulli-Lemaire S. « Affaire PIP : quelques réflexions sur les aspects de droit international privé », Revue internationale de droit économique, vol. t. xxix, no. 1, 2015, pp. 99-122.

Garraud O. La symbolique du sang et la transfusion sanguine chez les Témoins de Jéhova, Hématologie, vol. 15, n° 6, novembre-décembre 2009.

Henry E. « Du silence au scandale. Des difficultés des médias d'information à se saisir de la question de l'amiante », Réseaux, vol. no 122, no. 6, 2003, pp. 237-272.

Henry E. « Militer pour le statu quo. Le Comité permanent amiante ou l'imposition réussie d'un consensus », Politix, 70, 2005, pp. 29-50.

Henry E. « Quand l'action publique devient nécessaire : qu'a signifié « résoudre » la crise de l'amiante ? », Revue française de science politique, vol. vol. 54, no. 2, 2004, pp. 289-314.

Hermitte, M.-A. Le Coz P. « La notion de conflit d'intérêts dans les champs de la santé et de l'environnement », Journal international de bioéthique, 2014, vol. 25, no 2 pp. 15-50.

Janvier J. Raoult D. Camoin L, Le Coz P. « Le conflit d'intérêts dans le milieu médical et le problème de sa définition juridique : accent sur le débat français », Éthique publique, vol. 16, n° 2, 2014.

Marx W. « La véritable catharsis aristotélicienne. Pour une lecture philologique et physiologique de la Poétique », Poétique, vol. 166, no. 2, 2011, pp. 131-154.

Pontier J.-M. Sida, de la responsabilité à la garantie sociale, Revue française de droit administratif, 1992, p. 533.

Soulier G. « Le théâtre et le procès », Droit et société, 1991, Volume 17, Numéro 1, pp. 9-24.

Tabuteau D. « La sécurité sanitaire, réforme institutionnelle ou résurgence des politiques de santé publique ? », Les Tribunes de la santé, vol. 16, no. 3, 2007, pp. 87-103.

Thepot-Olagne C. « Expertise et conflits d'intérêts : l'encadrement de la notation financière », Prospective et stratégie, vol. numéros 2-3, no. 1, 2012, pp. 87-103.

Troude-Chastenet P. « Santé publique et démocratie : l'affaire du Médiator », Études, vol. tome 415, no. 9, 2011, pp. 185-196.

Viktorovitch C. « Entre dialogisme et antagonisme : le Parlement comme espace de résolution des controverses », Raisons politiques, vol. 47, no. 3, 2012, pp. 57-82.

Ouvrages

Beaud O. Le sang contaminé. Essai critique sur la criminalisation de la responsabilité des gouvernants. Paris : Presses universitaires de France PUF ; 1999. 171 p.

Bertella-Geffroy M-O. Rader S. Rivasi M. Le racket des laboratoires pharmaceutiques : Et comment s'en sortir. Paris : Les Petits Matins ; 2015. 232 p.

Boidin B. La santé, bien public mondial ou bien marchand ? Réflexions à partir des expériences africaines. Villeneuve d'Ascq : Presses Universitaires du Septentrion ; 2014. 184 p.

Boltanski L. L'amour et la justice comme compétences. Trois essais de sociologie de l'action. Paris : Métailié ; 1991. 382 p.

Boltanski L, La souffrance à distance. Morale humanitaire, médias et politique. Paris : Métailié. 293 p.

Boltanski L. Thévenot L. De la justification. Les économies de la grandeur. Paris : Gallimard ; 1989. 423 p.

Borraz O. Les politiques du risque. Paris : Presses de Sciences Po ; 2008. 296 p.

Cabanes V. Un nouveau droit pour la Terre. Pour en finir avec l'écocide. Paris : Seuil. 368 p.

Casteret A.-M. L'affaire du sang. Paris : La Découverte, Enquêtes ; 1992. 286 p.

Chateauraynaud F. Torny D. Les sombres précurseurs, une sociologie pragmatique de l'alerte et du risque. Paris : Éditions de l'EHESS ; 1999. 480 p.

Dobry M. Sociologie des crises politiques. La dynamique des mobilisations multisectorielles. Paris : Presses de Sciences Po ; 1992. 383 p.

Durkheim E. De la division du travail social, Édition : Presses Universitaires de France PUF ; 2013. 416 p.

Dodier N. Leçons politiques de l'épidémie de sida. Paris : Éditions de l'EHESS ; 2003. 360 p.

Godard O. Le principe de précaution dans la conduite des affaires humaines. Paris : MSH-INRA ; 1997. 351 p.

Frachon I. Mediator 150 mg : combien de morts ?, Paris : Dialogues ; 2010. 150 p.

Garapon A. Bien juger. Essai sur le rituel judiciaire, Paris, Odile Jacob, 2010, 351 p.

Gilbert C. Risques collectifs et situations de crise : Apports de la recherche en sciences humaines et sociales. Paris : L'Harmattan ; 2003. 240 p.

Gilbert C. Henry E. « Rapports de force et espaces de circulation de discours. Les logiques de redéfinition du problème de l'amiante », Comment se construisent les problèmes de santé publique. Paris : La Découverte, pp. 155-174.

Girard J.-F. Eymeri J.-M. Quand la santé devient publique. Paris : Hachette Littératures ; 1998. 258 p.

Goffman E. Stigmates. Les usages sociaux du handicap. Paris : Éditions de Minuit ; 1975. 180 p.

Gøtzsche P. Deadly medicines and organised crime: How big pharma has corrupted healthcare. London, UK: Radcliffe Publishing. 2013. 322 p.

Habermas J. Morale et communication : Conscience morale et activité communicationnelle. Paris : Flammarion ; 1999. 212 p.

Hardy-Hémery O. Éternit et l'amiante, 1922-2000. Aux sources du profit, une industrie du risque. Villeneuve d'Ascq : Presses Universitaires du Septentrion ; 2005. 272 p.

Hirsch M. Pour en finir avec les conflits d'intérêts. Paris : Fayard/Pluriel ; 2011. 160 p.

Henry E. Amiante : un scandale improbable. Sociologie d'un problème public. Rennes : Presses Universitaires de Rennes, 2007. 308 p.

Hermitte M-A. Le sang et le droit. Essai sur la transfusion sanguine. Paris : Le Seuil ; 1996. 477 p.

Hobbes T. Léviathan. Paris : Folio ; 2000. 1024 p.

Kant E. Critique de la raison pratique. Paris : Flammarion ; 2003. 473 p.

Marks H. La médecine des preuves. Histoire et anthropologie des essais cliniques (1900-1990), Paris : Empecheurs de penser en rond ; 1999. 352 p.

Malye F. Amiante : 100 000 morts à venir. Paris : Cherche midi ; 2004. 225 p.

Marzano M. L'Éthique appliquée, Que sais-je ?, Paris : PUF Presses Universitaires de France ; 2010. 128 p.

Moreau Y. Vivre avec les catastrophes. Paris : Presses Universitaires de France : PUF ; 2017. 392 p.

Rayner H. Dynamique du scandale: de l'affaire Dreyfus à Clearstream. Paris : La Découverte ; 2012. 128 p.

Simmel G. Le conflit. Paris : Circé ; 1995. 158 p.

Supiot A. Homo juridicus, Essai sur la fonction anthropologique du Droit. Paris : Seuil ; 2009. 336 p.

Weber M. Le savant et le politique. Paris : 10x18 ; 2002. 224 p.

Rapports

Bensadon A-C. Marie E. Morelle A. Rapport sur la pharmacovigilance et gouvernance de la chaîne du médicament, adressé à l'Inspection générale des affaires sociales en juin 2011.

Conseil d'État. Responsabilité et socialisation du risque, rapport public 2005.

Cour des comptes. « L'indemnisation amiable des victimes d'accidents médicaux : une mise en œuvre dévoyée, une remise en ordre impérative », Rapport public annuel du 8 février 2017 de la Cour des comptes.

Dériot G. Godefroy J-P. Le drame de l'amiante en France : comprendre, mieux réparer, en tirer des leçons pour l'avenir. Rapport d'information n° 37 (2005-2006) fait au nom de la mission commune d'information, déposé le 26 octobre 2005.

NOTES DE FIN DE PAGE

[1] Gøtzsche P. Deadly medicines and organised crime: How big pharma has corrupted healthcare. London, UK: Radcliffe Publishing. 2013. 322 p.
[2] Garnier J-L. « Rétablir la justice » ? Médiapart Blog [En ligne]. 15 février 2013 [consulté le 28 mai 2017]. Disponible : https://blogs.mediapart.fr/jean-luc-gasnier/blog/150213/retablir-la-justice
[3] Bertella-Geffroy M-O. Pour un tribunal international des crimes contre l'environnement et la santé. Challenges [En ligne]. 17 septembre 2015 [consulté le 28 mai 2017]. Disponible : https://www.challenges.fr/economie/positive-economy-forum/pour-un-tribunal-international-des-crimes-contre-l-environnement-et-la-sante_65027
[4] *Ibidem*
[5] Pour la création d'une Cour Pénale de l'Environnement : Cour internationale - Cour européenne. [consulté le 28 mai 2017].Disponible : http://cour.penale.environnement.org/
[6] Fabrégat S. Un collectif plaide pour une cour pénale internationale de l'environnement et de la santé. Actu Environnement. [En ligne]. 30 janvier 2014 [consulté le 28 mai 2017]. Disponible : https://www.actu-environnement.com/ae/news/cour-penale-internationale-environnement-sante-20591.php4
[7] Charte de Bruxelles pour la création d'un Tribunal Pénal Européen et d'une Cour Pénale Internationale de l'Environnement et de la Santé. [consulté le 28 mai 2017]. Disponible: http://www.ieb.be/IMG/pdf/sign20form209309.pdf
[8] Des magistrats européens inquiets de la progression du crime environnemental. Reporterre : le quotidien de l'écologie. [En ligne]. 17 mai 2012 [consulté le 28 mai 2017]. Disponible : https://reporterre.net/Des-magistrats-europeens-inquiets
[9] Cabanes V. Un nouveau droit pour la Terre. Pour en finir avec l'écocide. Paris : Seuil. 368 p.
[10] Monsanto : International Monsanto Tribunal In The Hague - October 2016. [consulté le 28 mai 2017]. Disponible : http://fr.monsantotribunal.org/
[11] Tribunal international Monsanto, Avis consultatif, La Haye, 18 avril 2017. [consulté le 28 mai 2017]. Disponible : http://fr.monsantotribunal.org/upload/asset_cache/180671266.pdf

[12] Cour Internationale de Justice : Informations pratiques. [consulté le 28 mai 2017]. Disponible : http://www.icj-cij.org/information/index.php?p1=7&p2=2&lang=fr#3

[13] Cabanes V. Un nouveau droit pour la Terre. Pour en finir avec l'écocide. *op. cit.*

[14] Boidin B. La santé, bien public mondial ou bien marchand ? Réflexions à partir des expériences africaines. Villeneuve d'Ascq : Presses Universitaires du Septentrion ; 2014. 184 p.

[15] Habermas J. Morale et communication : Conscience morale et activité communicationnelle. Paris : Flammarion ; 1999. 212 p.

[16] Marzano M. L'Éthique appliquée, Que sais-je ?, Paris : PUF Presses Universitaires de France ; 2010. 128 p.

[17] Kant E. Critique de la raison pratique. Paris : Flammarion ; 2003. 473 p.

[18] Bentham J. Introduction aux principes de morale et de législation. Paris : Vrin ; 2011. 384 p.

[19] Leur exemple s'appuie sur la démarche de Laurent Mucchielli dans : Muchielli L. Le scandale des "tournantes". Dérives médiatiques, contre-enquête sociologique. Paris : La Découverte ; 2005. 128 p.

[20] L'amiante, « la plus grande catastrophe sanitaire que la France ait connue ». 20 minutes [En ligne]. 27 octobre 2005 [consulté le 28 mai 2017]. Disponible : http://www.20minutes.fr/france/63504-20051027-france-l-amiante-la-plus-grande-catastrophe-sanitaire-que-la-france-ait-connue

[21] France : le procès de la catastrophe sanitaire du Médiator s'ouvre ce lundi à Nanterre. RFI [En ligne]. 13 mai 2012 [consulté le 28 mai 2017]. Disponible : http://www.rfi.fr/france/20120513-france-le-proces-catastrophe-sanitaire-mediator-s-ouvre-lundi-nanterre

[22] Moreau Y. Vivre avec les catastrophes. Paris : Presses Universitaires de France : PUF ; 2017. 392 p.

[23] Hobbes T. Léviathan. Paris : Folio ; 2000. 1024 p.

[24] Fonds d'indemnisation des victimes de l'amiante FIVA : 4ème Rapport d'activité au Parlement et au gouvernement Juin 2004/Mai 2005. [consulté le 28 mai 2017]. Disponible : http://www.fiva.fr/documents/rapport-fiva-04-05.pdf

[25] Le Procès du Sang Contaminé. La Croix. [En ligne]. 8 février 1999 [consulté le 28 mai 2017]. Disponible : http://www.la-croix.com/Archives/1999-02-08/Le-proces-du-sang-contamine-

_NP_-1999-02-08-468600

[26] Favereau E. Thoroval A. 272 transfusés et 25 hémophiles contaminés en 1985. Sang contaminé: les chiffres du scandale. «Libération» s'est procuré l'expertise médicale qui, pour la première fois, mesure les conséquences du retard pris en 1985 pour sélectionner et tester les donneurs de sang. Libération [En ligne]. 12 mai 1998 [consulté le 28 mai 2017]. Disponible : http://www.liberation.fr/evenement/1998/05/12/272-transfuses-et-25-hemophiles-contamines-en-1985-sang-contamine-les-chiffres-du-scandale-liberatio_237577

[27] de Blic D. Lemieux C. « Le scandale comme épreuve. Éléments de sociologie pragmatique », Politix, vol. 71, no. 3, 2005, pp. 9-38.

[28] Boltanski L. Thévenot L. De la justification. Les économies de la grandeur. Paris : Gallimard ; 1989. 423 p.

[29] De Dampierre E. « Thèmes pour l'étude du scandale », Annales ESC, IX (3), 1954.

[30] Fillion E. « Que font les scandales ? La médecine de l'hémophilie à l'épreuve du sang contaminé », Politix, vol. 71, no. 3, 2005, pp. 191-214.

[31] Hermitte M-A. Le sang et le droit. Essai sur la transfusion sanguine. Paris : Le Seuil ; 1996. 477 p.

[32] Agence nationale de sécurité du médicament et des produits de santé : Médicaments dérivés du sang (MDS). [consulté le 28 mai 2017]. Disponible : http://ansm.sante.fr/Produits-de-sante/Medicaments-derives-du-sang

[33] L'éthique à la croisée des savoirs : Actes du colloque « Le retour de l'éthique » (Université de Provence, novembre 1991), publié par Pierre Livet, 1996, 338 p.

[34] Comité consultatif national d'éthique. Avis sur la transfusion sanguine au regard de la non-commercialisation du corps humain. Rapport N°28 - 2 décembre 1991. [consulté le 28 mai 2017]. Disponible : http://www.ccne-ethique.fr/sites/default/files/publications/avis028.pdf

[35] Boltanski L. Thévenot L. De la justification. Les économies de la grandeur. op. cit.

[36] Dodier N. Leçons politiques de l'épidémie de sida. Paris : Éditions de l'EHESS ; 2003. 360 p.

[37] Marks H. La médecine des preuves. Histoire et anthropologie des essais cliniques (1900-1990), Paris : Empecheurs de penser en

rond ; 1999. 352 p.

[38] Dodier N. Leçons politiques de l'épidémie de sida. *op. cit.*

[39] Fillion E. « Affaires et redistribution des pouvoirs dans l'univers sanitaire : le cas du sang contaminé en France », Santé, Société et Solidarité, Année 2009, Volume 8, Numéro 2, pp. 71-77.

[40] Carricaburu D. L'hémophilie au risque de la médecine. De la maladie individuelle à la contamination collective par le virus du sida. Paris : Anthropos ; 2000. 245 p.

[41] Barbot J. Fillion E. « La dynamique des victimes. Les formes d'engagement associatif face aux contaminations iatrogènes (VIH et prion) », Sociologie et sociétés, Volume 39, Numéro 1, printemps, 2007, Pp. 217-247.

[42] Goffman E. Stigmates. Les usages sociaux du handicap. Paris : Éditions de Minuit ; 1975. 180 p.

[43] Fillion E. « Affaires et redistribution des pouvoirs dans l'univers sanitaire : le cas du sang contaminé en France », *op. cit.*

[44] Casteret A.-M. L'affaire du sang. Paris : La Découverte, Enquêtes ; 1992. 286 p.

[45] Henry E. « Du silence au scandale. Des difficultés des médias d'information à se saisir de la question de l'amiante », Réseaux, vol. no 122, no. 6, 2003, pp. 237-272.

[46] Le 4 octobre 2016 l'Académie nationale de médecine a consacré sa séance aux évolutions récentes concernant l'épilepsie de l'adulte. [consulté le 28 mai 2017]. Disponible : http://www.academie-medecine.fr/a-propos-de-la-depakine/

[47] de Blic D. Lemieux C. « Le scandale comme épreuve. Éléments de sociologie pragmatique », *op. cit.*

[48] Garraud O. La symbolique du sang et la transfusion sanguine chez les Témoins de Jéhova, Hématologie, vol. 15, n° 6, novembre-décembre 2009.

[49] Rayner H. Dynamique du scandale: de l'affaire Dreyfus à Clearstream. Paris : La Découverte ; 2012. 128 p.

[50] Thompson J. B. Political Scandal. Power and Visibility in the Media Age. Cambridge : Polity Press ; 2000. 336 p.

[51] Boltanski L, La souffrance à distance. Morale humanitaire, médias et politique. Paris : Métailié. 293 p.

[52] *Ibidem*

[53] Smith A. Théorie de sentiments moraux. Paris : Rivages ; 2016. 784 p.

[54] Arendt H. Essai sur la révolution. Paris : Folio ; 2013. 512 p.

[55] « Topique ». CNRTL : Ortolang [consulté le 28 mai 2017]. Disponible : http://www.cnrtl.fr/definition/topique

[56] Boltanski L. L'amour et la justice comme compétences. Trois essais de sociologie de l'action. Paris : Métailié ; 1991. 382 p.

[57] Kierkegaard S, Oeuvres complètes, tome 14 : Les Oeuvres de l'amour et la Dialectique de la communication éthique et éthico religieuse. Paris : De l' Orante ; 2969. 390 p.

[58] Loi n° 91-1406 du 31 décembre 1991.

[59] Pontier J.-M. Sida, de la responsabilité à la garantie sociale, Revue française de droit administratif, 1992, p. 533.

[60] de Forges J.-M. « L'indemnisation des contaminations par transfusion ou traitement », actualité et dossier en santé publique n°6 mars 1994, pp. 2-4.

[61] Sang contaminé : Bayer et Baxter indemnisent des hémophiles. Le Monde [En ligne]. 25 janvier 2011 [consulté le 28 mai 2017]. Disponible : http://www.lemonde.fr/societe/article/2011/01/25/sang-contamine-bayer-et-baxter-indemnisent-des-hemophiles_1470184_3224.html

[62] Schiller S. Hypothèse de l'américanisation du droit de la responsabilité, Archives de philosophie du droit, ISSN 0066-6564, N°. 45, 200, pp. 177-198.

[63] Claverie E. « Procès, affaire, cause : Voltaire et l'innovation critique », Politix, n° 26, 1994.

[64] Simmel G. Le conflit. Paris : Circé ; 1995. 158 p.

[65] Article 221-5 Code pénal.

[66] Article 222-15 Code pénal.

[67] Articles 221-6 et 222-19 et suivant Code pénal.

[68] Article 223-1 Code Pénal.

[69] Cour de Cassation, Chambre Criminelle, 18 juin 2003, Bull. crim. n°127.

[70] Chemin A. Prieur C. « Sur la santé, la justice a échoué ». Le Monde [En ligne]. 19 juillet 2012 [consulté le 28 mai 2017]. Disponible : http://www.lemonde.fr/culture/article/2012/07/19/sur-la-sante-la-justice-a-echoue_1735943_3246.html

[71] *Ibidem*

[72] de Senneville V. Pourquoi les affaires de santé publique sont si dures à juger. Les Echos [En ligne]. 21 mars 2013 [consulté le 28 mai 2017]. Disponible :

https://www.lesechos.fr/21/03/2013/LesEchos/21401-034-ECH_pourquoi-les-affaires-de-sante-publique-sont-si-dures-a-juger.htm#FY2lm074LCWQ0CHi.99

[73] *Ibidem.*

[74] Un risque se manifestant avec une longue latence, de manière diffuse et auprès d'un grand nombre de personnes.

[75] Weber M. Le savant et le politique. Paris : 10x18 ; 2002. 224 p.

[76] Tabuteau D. « La sécurité sanitaire, réforme institutionnelle ou résurgence des politiques de santé publique ? », Les Tribunes de la santé, vol. 16, no. 3, 2007, pp. 87-103.

[77] Article L. 1411-1 Code de la santé publique.

[78] Viriot-Barrial D. « La Cour de Justice de la République et la santé », Sève, les tribunes de la santé, printemps 2007.

[79] Bouneau J. « Réflexion sur les lois de veille sanitaire et sociale », Gaz. Pal. 2000, 2, doctr., p. 528.

[80] Cour de justice de la République, 9 mars 1999, n° 99-001.

[81] Kriegel B. « Chap. 5. La responsabilité Politique et pénale dans l'affaire du sang contaminé », Journal International de Bioéthique, vol. vol. 12, no. 2, 2001, pp. 59-71.

[82] Bienvault P. Trente ans après, la mémoire des victimes du sang contaminé. La Croix [En ligne]. 19 novembre 2014 [consulté le 28 mai 2017]. Disponible : http://www.la-croix.com/Actualite/France/Trente-ans-apres-la-memoire-des-victimes-du-sang-contamine-2014-11-19-1239582

[83] de Senneville V. Pourquoi les affaires de santé publique sont si dures à juger. Les Echos [En ligne]. 21 mars 2013 [consulté le 28 mai 2017]. Disponible : https://www.lesechos.fr/21/03/2013/LesEchos/21401-034-ECH_pourquoi-les-affaires-de-sante-publique-sont-si-dures-a-juger.htm#FY2lm074LCWQ0CHi.99

[84] Dériot G. Godefroy J-P. Le drame de l'amiante en France : comprendre, mieux réparer, en tirer des leçons pour l'avenir. Rapport d'information n° 37 (2005-2006) fait au nom de la mission commune d'information, déposé le 26 octobre 2005. [consulté le 28 mai 2017]. Disponible : https://www.senat.fr/rap/r05-037-1/r05-037-1.html

[85] *Ibidem.*
[86] *Ibidem.*
[87] *Ibidem.*

[88] Décret n° 96-1133 du 24 décembre 1996 relatif à

l'interdiction de l'amiante, pris en application du code du travail et du code de la consommation.

[89] Joly P. Les victimes de l'amiante marchent à Dunkerque pour obtenir un procès pénal. Le Monde [En ligne]. 4 avril 2017 [consulté le 28 mai 2017]. Disponible : http://www.lemonde.fr/societe/article/2017/04/04/les-victimes-de-l-amiante-marchent-a-dunkerque-pour-obtenir-un-proces-penal_5105343_3224.html#q3pB4AikmK9CYP9f.99

[90] *Ibidem.*

[91] Fonds d'indemnisation des victimes de l'amiante [consulté le 28 mai 2017]. Disponible : http://www.fiva.fr/

[92] Dériot G. Godefroy J-P. Le drame de l'amiante en France : comprendre, mieux réparer, en tirer des leçons pour l'avenir. *op. cit.*

[93] Le Bulletin de l'inspection du travail de 1906 publie un document intitulé Note sur l'hygiène et la sécurité des ouvriers dans les filatures et tissages d'amiante, par M. Auribault, inspecteur départemental du travail à Caen. Voir supplément n° 1082 de la Semaine sociale Lamy, du 1er juillet 2002, intitulé L'affaire de l'amiante, établi par Me Jean-Paul Teissonnière et Mme Sylvie Topaloff

[94] Anses - Agence nationale de sécurité sanitaire de l'alimentation, de l'environnement et du travail : L'amiante [consulté le 28 mai 2017]. Disponible : https://www.anses.fr/fr/content/l%E2%80%99amiante

[95] L'amiante pourrait faire jusqu'à 100 000 morts d'ici à 2050. Le Monde [En ligne]. 22 août 2014 [consulté le 28 mai 2017]. Disponible : http://www.lemonde.fr/sante/article/2014/08/22/l-amiante-pourrait-faire-jusqu-a-100-000-morts-d-ici-a-2050_4475442_1651302.html

[96] Henry E. « Du silence au scandale. Des difficultés des médias d'information à se saisir de la question de l'amiante », *op. cit.*

[97] Henry E. « Quand l'action publique devient nécessaire : qu'a signifié « résoudre » la crise de l'amiante ? », Revue française de science politique, vol. vol. 54, no. 2, 2004, pp. 289-314.

[98] Dobry M. Sociologie des crises politiques. La dynamique des mobilisations multisectorielles. Paris : Presses de Sciences Po ; 1992. 383 p.

[99] Henry E. « Quand l'action publique devient nécessaire : qu'a signifié « résoudre » la crise de l'amiante ? », *op. cit.*

[100] Ewald F. « Le retour du malin génie. Esquisse d'une

philosophie de la précaution », dans Godard O. (dir.), Le principe de précaution dans la conduite des affaires humaines. Paris : MSH-INRA ; 1997. pp. 99-126.

[101] Conseil d'Etat, Assemblée, 9 avril 1993, 69336.

[102] Girard J.-F. Eymeri J.-M. Quand la santé devient publique. Paris : Hachette Littératures ; 1998. 258 p.

[103] Gilbert C. Risques collectifs et situations de crise : Apports de la recherche en sciences humaines et sociales. Paris : L'Harmattan ; 2003. 240 p.

[104] Méric J. & Pesqueux Y. & Solé A. (2009), La « société du risque – Analyse et critique, Economica, Paris

[105] Knight F. H.. Risk, Uncertainty and Profit. Mansfield : Courrier Corporation ; 2012. 448 p.

[106] Dériot G. Godefroy J-P. Le drame de l'amiante en France : comprendre, mieux réparer, en tirer des leçons pour l'avenir, *op. cit.*

[107] Loi n° 98-535 du 1 juillet 1998 relative au renforcement de la veille sanitaire et du contrôle de la sécurité sanitaire des produits destinés à l'homme.

[108] *Ibidem.*

[109] Malye F. Amiante : 100 000 morts à venir. Paris : Cherche midi ; 2004. 225 p.

[110] Chateauraynaud F. Torny D. Les sombres précurseurs, une sociologie pragmatique de l'alerte et du risque. Paris : Éditions de l'EHESS ; 1999. 480 p.

[111] Dériot G. Godefroy J-P. Le drame de l'amiante en France : comprendre, mieux réparer, en tirer des leçons pour l'avenir. *op. cit.*

[112] Chateauraynaud F. Torny D. Les sombres précurseurs, une sociologie pragmatique de l'alerte et du risque. *op. cit.*

[113] Dériot G. Godefroy J-P. Le drame de l'amiante en France : comprendre, mieux réparer, en tirer des leçons pour l'avenir. *op. cit.*

[114] Décret n° 77-949 du 17 août 1977 relatif aux mesures particulières d'hygiène applicables dans les établissements où le personnel est exposé à l'action des poussières d'amiante.

[115] Chateauraynaud F. Torny D. Les sombres précurseurs, une sociologie pragmatique de l'alerte et du risque. *op. cit.*

[116] Décret n° 96-1133 du 24 décembre 1996 relatif à l'interdiction de l'amiante, pris en application du code du travail et du code de la consommation.

[117] Henry E. Amiante : un scandale improbable. Sociologie d'un problème public. Rennes : Presses Universitaires de Rennes, 2007.

308 p.

[118] Schattschneider E. E. The semisovereign people : a realist's view of democracy in America. New York : Holt, Rinehart and Winston. 147 p.

[119] Gilbert C. Henry E. « Rapports de force et espaces de circulation de discours. Les logiques de redéfinition du problème de l'amiante », Comment se construisent les problèmes de santé publique. Paris : La Découverte, pp. 155-174.

[120] Henry E. « Militer pour le statu quo. Le Comité permanent amiante ou l'imposition réussie d'un consensus », Politix, 70, 2005, pp. 29-50.

[121] le Garrec J. Lemière J. Rapport sur les risques et les conséquences de l'exposition à l'amiante. Rapport n°2884 fait au nom de la mission d'information de l'Assemblée nationale, enregistré le 22 février 2006. [consulté le 28 mai 2017]. Disponible : http://www.assemblee-nationale.fr/12/rap-info/i2884-tI.asp#P3643_661551

[122] Responsabilité et socialisation du risque, rapport public 2005, Conseil d'État. [consulté le 28 mai 2017]. Disponible : http://www.conseil-etat.fr/Decisions-Avis-Publications/Etudes-Publications/Rapports-Etudes/Responsabilite-et-socialisation-du-risque-Rapport-public-2005

[123] Conseil d'Etat, Assemblée, 3 mars 2004, n°241150, n°241152, n°241153, n°241151.

[124] « Amiante : la responsabilité de l'Etat est, enfin, reconnue par le Conseil d'Etat », Dalloz, 2004, p. 973 et s. n° 14, 8 avril, Jurisprudence, commentaires, p. 973, note de Herbé Arbousset.

[125] Conseil d'État, Assemblée, 3 mars 2004, n°241150 et n°241152.

[126] Conseil d'Etat, Assemblée, 3 mars 2004, n°241153 et n°241151.

[127] le Garrec J. Lemière J. Rapport sur les risques et les conséquences de l'exposition à l'amiante. *op. cit.*

[128] Deshors H. Salarié mort de l'amiante, le groupe Latty seul responsable. La Perche [En ligne]. 9 janvier 2017 [consulté le 28 mai 2017]. Disponible : http://www.le-perche.fr/53120/mort-de-l-amiante-latty-seule-responsable/

[129] Hardy-Hémery O. Éternit et l'amiante, 1922-2000. Aux sources du profit, une industrie du risque. Villeneuve d'Ascq : Presses Universitaires du Septentrion ; 2005. 272 p.

[130] Thébaud-Mony A. «Justice for asbestos victims and the politics of compensation : the french experience», International journal of occupational and environmental health, 9-3, 2003.

[131] le Garrec J. Lemière J. Rapport sur les risques et les conséquences de l'exposition à l'amiante. *op. cit.*

[132] Dériot G. Godefroy J-P. Le drame de l'amiante en France : comprendre, mieux réparer, en tirer des leçons pour l'avenir. *op. cit.*

[133] Conseil d'État, Assemblée, 3 mars 2017, n° 401395.

[134] Loi n° 98-1194 du 23 décembre 1998.

[135] Cour de cassation, Chambre sociale, 11 mai 2010, n° 09-42.241 P, D. 2010.

[136] Conseil d'État, 9 novembre 2016, n° 393108.

[137] Andeva : ETERNIT : action récursoire du FIVA et procès pénal [consulté le 28 mai 2017]. Disponible : http://andeva.fr/?ETERNIT-action-recursoire-du-FIVA

[138] Article 223 Code pénal.

[139] le Garrec J. Lemière J. Rapport sur les risques et les conséquences de l'exposition à l'amiante. *op. cit.*

[140] Andeva : Actions judiciaires [consulté le 28 mai 2017]. Disponible : http://andeva.fr/?-Justice-

[141] Dériot G. Godefroy J-P. Le drame de l'amiante en France : comprendre, mieux réparer, en tirer des leçons pour l'avenir. *op. cit.*

[142] Cour de cassation : Communiqué Arrêt n° 5659 du 15 novembre 2005 [consulté le 28 mai 2017]. Disponible : https://www.courdecassation.fr/jurisprudence_2/chambre_criminelle_578/communique_1173.html

[143] le Garrec J. Lemière J. Rapport sur les risques et les conséquences de l'exposition à l'amiante. *op. cit.*

[144] Décision n°2010-15/23 QPC du 23 Juillet 2010 Région LANGUEDOC-ROUSSILLON et autres.

[145] Joly P. Les victimes de l'amiante marchent à Dunkerque pour obtenir un procès pénal. Le Monde [En ligne]. 4 avril 2017 [consulté le 28 mai 2017]. Disponible : http://www.lemonde.fr/societe/article/2017/04/04/les-victimes-de-l-amiante-marchent-a-dunkerque-pour-obtenir-un-proces-penal_5105343_3224.html#q3pB4AikmK9CYP9f.99

[146] Amiante: 43 ans après, troisième non-lieu pour l'ex-patron d'Amisol. Le Parisien [En ligne]. 31 mars 2017 [consulté le 28 mai 2017]. Disponible : http://www.leparisien.fr/flash-actualite-economie/troisieme-non-lieu-pour-le-dernier-patron-d-amisol-43-

ans-apres-31-03-2017-6813033.php
[147] Cour de cassation : Le rôle de la Cour de cassation [consulté le 28 mai 2017]. Disponible : https://www.courdecassation.fr/cour_cassation_1/presentation_2845/r_cour_cassation_30989.html
[148] Andeva : AMIANTE - AMISOL : La Cour casse le non-lieu du directeur de l'usine-cercueil [consulté le 28 mai 2017]. Disponible : https://www.andeva.fr/?AMIANTE-AMISOL-La-Cour-casse-le,2424
[149] Amiante: 43 ans après, troisième non-lieu pour l'ex-patron d'Amisol. Le Parisien [En ligne]. 31 mars 2017 [consulté le 28 mai 2017]. Disponible : http://www.leparisien.fr/flash-actualite-economie/troisieme-non-lieu-pour-le-dernier-patron-d-amisol-43-ans-apres-31-03-2017-6813033.php
[150] Joly P. Les victimes de l'amiante marchent à Dunkerque pour obtenir un procès pénal. Le Monde [En ligne]. 4 avril 2017 [consulté le 28 mai 2017]. Disponible : http://www.lemonde.fr/societe/article/2017/04/04/les-victimes-de-l-amiante-marchent-a-dunkerque-pour-obtenir-un-proces-penal_5105343_3224.html#q3pB4AikmK9CYP9f.99
[151] Armand M. Amiante : le non-lieu dans l'affaire Amisol ravive la « colère » des anciens salariés. Le Monde.fr [En ligne]. 9 février 2013 [consulté le 28 mai 2017]. Disponible : http://www.lemonde.fr/societe/article/2013/02/09/amiante-le-non-lieu-dans-l-affaire-amisol-ravive-la-colere-des-anciens-salaries_1829641_3224.html#LaKd3GbzrTkfiTuK.99
[152] Proposition de loi visant à réviser la loi dite « Fauchon » et à supprimer toute impunité pénale des responsables d'entreprise dans le drame de l'amiante, Proposition n°49 enregistrée à l'Assemblée nationale le 27 novembre 2012 [consulté le 28 mai 2017]. Disponible : http://www.assemblee-nationale.fr/14/propositions/pion0439.asp
[153] Eternit. Le plus grand procès en Europe contre l'amiante. Courrier international [En ligne]. 24 juillet 2009 [consulté le 28 mai 2017]. Disponible : http://www.courrierinternational.com/breve/2009/07/24/le-plus-grand-proces-en-europe-contre-l-amiante
[154] Eternit: un second procès lié à l'amiante possible. Tribune de Genève [En ligne]. 21 juillet 2016 [consulté le 28 mai 2017]. Disponible : http://www.tdg.ch/suisse/eternit-second-proces-lie-amiante-possible/story/19636669

155 Italie. Amiante : peine de prison pour 11 anciens dirigeants de Pirelli. Courrier international [En ligne]. 16 juillet 2015 [consulté le 28 mai 2017]. Disponible : http://www.courrierinternational.com/article/italie-amiante-peine-de-prison-pour-11-anciens-dirigeants-de-pirelli

156 Joly P. Les victimes de l'amiante marchent à Dunkerque pour obtenir un procès pénal. Le Monde [En ligne]. 4 avril 2017 [consulté le 28 mai 2017]. Disponible : http://www.lemonde.fr/societe/article/2017/04/04/les-victimes-de-l-amiante-marchent-a-dunkerque-pour-obtenir-un-proces-penal_5105343_3224.html#q3pB4AikmK9CYP9f.99

157 Dériot G. Godefroy J-P. Le drame de l'amiante en France : comprendre, mieux réparer, en tirer des leçons pour l'avenir. op. cit.

158 *Ibidem.*

159 Bertella-Geffroy : fin de partie pour la juge de l'amiante. L'Obs [En ligne]. 3 mai 2013 [consulté le 28 mai 2017]. Disponible : http://tempsreel.nouvelobs.com/societe/20130503.OBS8081/bertella-geffroy-fin-de-partie-pour-la-juge-de-l-amiante.html

160 Amiante : confirmation de l'annulation de la mise en examen de Martine Aubry. Le Monde [En ligne]. 14 avril 2015 [consulté le 28 mai 2017]. Disponible : http://www.lemonde.fr/societe/article/2015/04/14/amiante-confirmation-de-l-annulation-de-la-mise-en-examen-de-martine-aubry_4615714_3224.html

161 Cour de cassation, Chambre criminelle, Arrêt n° 1988 du 14 avril 2015 (14-85.335).

162 Paillé J-Y. « Toutes les affaires de santé publique ont été ouvertes contre l'avis du Parquet ». La Tribune [En ligne]. 29 octobre 2015 [consulté le 28 mai 2017]. Disponible : http://www.latribune.fr/entreprises-finance/industrie/chimie-pharmacie/scandales-sanitaires-la-justice-n-est-pas-independante-en-france-bertella-geffroy-516395.html

163 Cour Européenne des Droits de l'Homme, Medvedyev et autres c. France, 10 juillet 2008, 3394/03.

164 Cour Européenne des Droits de l'Homme, Moulin c. France, 23 novembre 2010, 37104/06.

165 Des magistrats européens inquiets de la progression du crime environnemental. Reporterre : le quotidien de l'écologie. [En ligne]. 17 mai 2012 [consulté le 28 mai 2017]. Disponible : https://reporterre.net/Des-magistrats-europeens-inquiets

[166] Haute Autorité de Santé. Communiqué de presse : Mise au point de la Haute Autorité de Santé sur Mediator. [En ligne]. 1 décembre 2010 [consulté le 28 mai 2017]. Disponible : https://www.has-sante.fr//portail/jcms/c_1004608/fr/mise-au-point-de-la-haute-autorite-de-sante-sur-mediator

[167] « Pourquoi l'affaire du Mediator a-t-elle mis si longtemps à éclater ? ». Le Monde. [En ligne]. 7 janvier 2011 [consulté le 28 mai 2017]. Disponible : http://www.lemonde.fr/a-la-une/article/2010/11/23/pourquoi-l-affaire-du-mediator-a-t-elle-mis-si-longtemps-a-eclater_1443851_3208.html

[168] Viktorovitch C. « Entre dialogisme et antagonisme : le Parlement comme espace de résolution des controverses », Raisons politiques, vol. 47, no. 3, 2012, pp. 57-82.

[169] Viktorovitch C. « Entre dialogisme et antagonisme : le Parlement comme espace de résolution des controverses », *op. cit.*

[170] Fulli-Lemaire S. « Affaire PIP : quelques réflexions sur les aspects de droit international privé », Revue internationale de droit économique, vol. t. xxix, no. 1, 2015, pp. 99-122.

[171] Claude G. Laurence R. « Vers une gestion politique des crises sanitaires ? », Les Tribunes de la santé, 3/2011, n° 32, pp. 55-60.

[172] Borraz O. Les politiques du risque. Paris : Presses de Sciences Po ; 2008. 296 p.

[173] Claude G. Laurence R. « Vers une gestion politique des crises sanitaires ? », *op. cit.*

[174] AFP. Mediator: « suspicion » de l'Afssaps dès 1998, selon l'avocat de victimes. 20 minutes [En ligne]. 1 décembre 2010 [consulté le 28 mai 2017]. Disponible : http://www.20minutes.fr/sante/632097-20101201-sante-mediator-suspicion-afssaps-des-1998-selon-avocat-victimes

[175] Mediator : le ton monte entre Xavier Bertrand et le laboratoire Servier. Le Parisien [En ligne]. 27 mai 2011 [consulté le 28 mai 2017]. Disponible : http://www.leparisien.fr/societe/mediator-le-ton-monte-entre-xavier-bertrand-et-le-laboratoire-servier-27-03-2011-1379539.php

[176] Aphatie J-M. Xavier Bertrand à l'adresse de Servier : « La transparence n'est pas une option ». RTL [En ligne]. 8 septembre 2011 [consulté le 28 mai 2017]. Disponible : http://www.rtl.fr/actu/xavier-bertrand-a-l-adresse-de-servier-la-transparence-n-est-pas-une-option-7716728821

[177] AFP. Mediator : Servier veut-il faire payer les médecins ? Le Monde [En ligne]. 25 août 2011 [consulté le 28 mai 2017]. Disponible : http://www.lemonde.fr/societe/article/2011/08/25/mediator-servier-veut-il-faire-payer-les-medecins_1563606_3224.html#kdYbfogOL0Lp4zmA.99

[178] Mediator : le ton monte entre Xavier Bertrand et le laboratoire Servier. Le Parisien [En ligne]. 27 mai 2011 [consulté le 28 mai 2017]. Disponible : http://www.leparisien.fr/societe/mediator-le-ton-monte-entre-xavier-bertrand-et-le-laboratoire-servier-27-03-2011-1379539.php

[179] Médiator/Bertrand: « démagogie ». Le Figaro [En ligne]. 28 mars 2011 [consulté le 28 mai 2017]. Disponible : http://www.lefigaro.fr/flash-actu/2011/03/28/97001-20110328FILWWW00408-mediator-bertrand-accuse-de-demagogie.php

[180] Mediator : première plainte contre l'Afssaps. La Tribune [En ligne]. 21 mars 2011 [consulté le 28 mai 2017]. Disponible : http://www.latribune.fr/entreprises-finance/industrie/chimie-pharmacie/20110321trib000609627/mediator-premiere-plainte-contre-l-afssaps-.html

[181] Médiator/Bertrand: « démagogie ». Le Figaro [En ligne]. 28 mars 2011 [consulté le 28 mai 2017]. Disponible : http://www.lefigaro.fr/flash-actu/2011/03/28/97001-20110328FILWWW00408-mediator-bertrand-accuse-de-demagogie.php

[182] La riposte des avocats de Servier. Le Parisien. [En ligne]. 13 mai 2014 [consulté le 28 mai 2017]. Disponible : http://www.leparisien.fr/espace-premium/actu/la-riposte-des-avocats-de-servier-13-05-2014-3835407.php

[183] Mediator: le laboratoire Servier accusé de retarder l'indemnisation des victimes. L'express. [En ligne]. 28 août 2015 [consulté le 28 mai 2017]. Disponible : http://www.lexpress.fr/actualite/societe/sante/mediator-le-laboratoire-servier-accuse-de-retarder-l-indemnisation-des-victimes_1710545.html

[184] « L'indemnisation amiable des victimes d'accidents médicaux : une mise en œuvre dévoyée, une remise en ordre impérative », Rapport public annuel du 8 février 2017 de la Cour des comptes. [consulté le 28 mai 2017]. Disponible : https://www.ccomptes.fr/Actualites/A-la-une/Le-rapport-public-

annuel-2017

[185] Cour d'appel de Versailles, 14 avril 2016, 15/08232.
[186] Jouan A. Mediator : pas de procès avant 2019. Le Figaro [En ligne]. 24 janvier 2017 [consulté le 28 mai 2017]. Disponible : http://sante.lefigaro.fr/article/mediator-pas-de-proces-avant-2019
[187] Scandale du Mediator : il n'y aura pas de procès pénal avant 2019. L'express [En ligne]. 24 janvier 2017 [consulté le 28 mai 2017]. Disponible : http://www.lexpress.fr/actualite/societe/justice/scandale-du-mediator-il-n-y-aura-pas-de-proces-penal-avant-2019_1872415.html
[188] Conseil d'État, 9 novembre 2016, Responsabilité de l'État dans l'affaire du Mediator, Décision n°393108, Décision n°393904, Décision n° 393902, 393926.
[189] Troude-Chastenet P. « Santé publique et démocratie : l'affaire du Médiator », Études, vol. tome 415, no. 9, 2011, pp. 185-196.
[190] Beaud O. Le sang contaminé. Essai critique sur la criminalisation de la responsabilité des gouvernants. Paris : Presses universitaires de France PUF ; 1999. 171 p.
[191] Ewald F. « Le retour du malin génie. Esquisse d'une philosophie de la précaution. » p.123 dans O. Godard (dir.), Le principe de précaution dans la conduite des affaires humaines, INRA, MSH, 1997.
[192] Bensadon A-C. Marie E. Morelle A. Rapport sur la pharmacovigilance et gouvernance de la chaîne du médicament, adressé à l'Inspection générale des affaires sociales en juin 2011. [consulté le 28 mai 2017]. Disponible: http://www.igas.gouv.fr/IMG/pdf/RM2011-103P_pharmacovigilance-2.pdf
[193] Gilbert C. Laurence R. « Vers une gestion politique des crises sanitaires ? », *op. cit.*
[194] Janvier J. Raoult D. Camoin L, Le Coz P. « Le conflit d'intérêts dans le milieu médical et le problème de sa définition juridique : accent sur le débat français », Éthique publique, vol. 16, n° 2, 2014.
[195] Article 432-12 Code pénal.
[196] Article 432-1 Code pénal.
[197] Article 445-1 Code pénal.
[198] Conseil de l'Europe, Recommandation n° R (2000)10 du Comité des ministres sur les codes de conduite pour les agents

publics, 11 mai 2000.

[199] Thepot-Olagne C. « Expertise et conflits d'intérêts : l'encadrement de la notation financière », Prospective et stratégie, vol. numéros 2-3, no. 1, 2012, pp. 87-103.

[200] Hirsch M. Pour en finir avec les conflits d'intérêts. Paris : Fayard/Pluriel ; 2011. 160 p.

[201] Bensadon A-C. Marie E. Morelle A. Rapport sur la pharmacovigilance et gouvernance de la chaîne du médicament. *op. cit.*

[202] Loi n° 2011-2012 du 29 décembre 2011 relative au renforcement de la sécurité sanitaire du médicament et des produits de santé.

[203] Décret n° 2012-745 du 9 mai 2012 relatif à la déclaration publique d'intérêts et à la transparence en matière de santé publique et de sécurité sanitaire ; Décret n° 2013-413 du 21 mai 2013 portant approbation de la charte de l'expertise sanitaire prévue à l'article L. 1452-2 du Code de la santé publique ; Décret n° 2013-414 du 21 mai 2013 relatif à la transparence des avantages accordés par les entreprises produisant ou commercialisant des produits à finalité sanitaire et cosmétique destinés à l'homme.

[204] Hermitte, M.-A. Le Coz P. « La notion de conflit d'intérêts dans les champs de la santé et de l'environnement », Journal international de bioéthique, 2014, vol. 25, no 2 pp. 15-50.

[205] Loi n° 2013-316 du 16 avril 2013.

[206] Loi organique n° 2013-906 du 11 octobre 2013 relative à la transparence de la vie publique.

[207] Ministère des Solidarités et de la Santé. Communiqués et dossiers de presse : Le dispositif de stérilisation tubaire ESSURE est sous surveillance renforcée du Ministère de la santé qui a fortement encadré les pratiques de pose [En ligne]. 9 décembre 2016 [consulté le 28 mai 2017]. Disponible : http://social-sante.gouv.fr/archives/archives-presse/archives-communiques-de-presse/article/le-dispositif-de-sterilisation-tubaire-essure-est-sous-surveillance-renforcee

[208] Payet M. Méréo F. Alerte aux implants contraceptifs. Le Parisien [En ligne]. 9 décembre 2014 [consulté le 28 mai 2017]. Disponible : http://www.leparisien.fr/societe/alerte-aux-implants-contraceptifs-09-12-2016-6432609.php

[209]le Breton M. Qu'est-ce que l'implant contraceptif Essure

controversé? Ses effets secondaires? On fait le point. Huffington Post [En ligne]. 20 janvier 2017 [consulté le 28 mai 2017]. Disponible : http://www.huffingtonpost.fr/2017/01/20/quest-ce-que-limplant-contraceptif-essure-ses-effets-secondai/

[210] R.E.S.I.S.T : Réseau d'Entraide, Soutien et Informations sur la Stérilisation Tubaire [consulté le 28 mai 2017]. Disponible : https://www.resist-france.org/

[211] AFP. Le Brésil retire un implant de Bayer. Le Figaro [En ligne]. 26 février 2017 [consulté le 28 mai 2017]. Disponible : http://www.lefigaro.fr/flash-eco/2017/02/26/97002-20170226FILWWW00198-le-bresil-retire-un-implant-de-bayer.php

[212] Piquet C. Action en justice contre les implants contraceptifs Essure de Bayer. L'express [En ligne]. 9 décembre 2016 [consulté le 28 mai 2017]. Disponible : http://www.lexpress.fr/actualite/societe/justice/une-action-en-justice-menee-contre-les-implants-contraceptifs-essure-de-bayer_1858627.html

[213] U.S. Food & Drug Administration : Essure Permanent Birth Control [consulté le 28 mai 2017]. Disponible : https://www.fda.gov/MedicalDevices/ProductsandMedicalProcedures/ImplantsandProsthetics/EssurePermanentBirthControl/default.htm

[214] Essure Permanent Birth Control : Instructions for use [consulté le 28 mai 2017]. Disponible : http://labeling.bayerhealthcare.com/html/products/pi/essure_ifu.pdf

[215] Blanc A. Cuxac A. Rambert H. Des femmes dénoncent la méthode Essure. Causette [En ligne]. 26 février 2017 [consulté le 28 mai 2017]. Disponible : https://www.causette.fr/le-mag/lire-article/article-1635/des-femmes-da-noncent-la-ma-thode-essure.html

[216] *Ibidem.*

[217] *Ibidem.*

[218] Favereau E. Dépakine, la justice ouvre enfin une information judiciaire. Libération [En ligne]. 23 septembre 2016 [consulté le 28 mai 2017]. Disponible : http://www.liberation.fr/france/2016/09/23/depakine-la-justice-ouvre-enfin-une-information-judiciaire_1507729

[219] Dépakine : un fonds d'indemnisation en France pour les plus de 14.000 femmes exposées. Sciences et Avenir [En ligne]. 24 août 2016 [consulté le 28 mai 2017]. Disponible :

https://www.sciencesetavenir.fr/sante/victimes-de-la-depakine-des-chiffres-officiels-attendus-mercredi_31167

[220] Dechaux D. Dépakine: la vérité sur la facture du scandale sanitaire. Challenges. [En ligne]. 19 février 2017 [consulté le 28 mai 2017]. Disponible : https://www.challenges.fr/entreprise/sante-et-pharmacie/depakine-la-verite-sur-la-facture-du-scandale-sanitaire_455018

[221] *Ibidem.*

[222] USA : Abbott va payer une amende de 1,6 milliard de dollars. My Pharma Editions [En ligne]. 9 mai 2012 [consulté le 28 mai 2017]. Disponible : https://www.mypharma-editions.com/usa-abbott-va-payer-une-amende-de-16-milliard-de-dollars

[223] Dépakine : Un nouveau scandale sanitaire à retardement. Le Parisien [En ligne]. 23 août 2016 [consulté le 28 mai 2017]. Disponible : http://www.leparisien.fr/laparisienne/sante/depakine-un-nouveau-scandale-sanitaire-a-retardement-23-08-2016-6063319.php

[224] Brion C. Scandales sanitaires : des bombes... à retardement. Le Nouvel Obs [En ligne]. 3 février 2012 [consulté le 28 mai 2017]. Disponible : http://tempsreel.nouvelobs.com/societe/20120202.OBS0454/scandales-sanitaires-des-bombes-a-retardement.html

[225] Frachon I. Mediator 150 mg : combien de morts ?, Paris : Dialogues ; 2010. 150 p.

[226] le Guen C. La fille de Brest. « Une histoire gravée dans le marbre ». Le Télégramme [En ligne]. 5 novembre 2016 [consulté le 28 mai 2017]. Disponible : http://www.letelegramme.fr/bretagne/la-fille-de-brest-une-histoire-gravee-dans-le-marbre-05-11-2016-11280642.php

[227] Soulier G. « Le théâtre et le procès », Droit et société, 1991, Volume 17, Numéro 1, pp. 9-24.

[228] Marx W. « La véritable catharsis aristotélicienne. Pour une lecture philologique et physiologique de la Poétique », Poétique, vol. 166, no. 2, 2011, pp. 131-154.

[229] Durkheim E. De la division du travail social, Édition : Presses Universitaires de France PUF ; 2013. 416 p.

[230] Garapon A. Bien juger. Essai sur le rituel judiciaire, Paris, Odile Jacob, 2010, 351 p.

[231] Supiot A. Homo juridicus, Essai sur la fonction anthropologique du Droit. Paris : Seuil ; 2009. 336 p.

[232] Article 221-1 Code pénal.
[233] Cour de cassation, chambre criminelle, 8 juillet 2015, n° de pourvoi : 14-88329.
[234] Sabatier P. Le procès du sang contaminé. « Crimes contre l'humanité ». Libération [En ligne]. 27 février 1999 [consulté le 28 mai 2017].Disponible : http://www.liberation.fr/societe/1999/02/27/le-proces-du-sang-contamine-crimes-contre-l-humanite-disent-les-hemophiles-americains-ils-denoncent-_266111
[235] Feldman J-P. « Crime contre l'humanité », Dictionnaire de la culture juridique, dir. Denis Alland D. et Stéphane Rials S. Paris : Presses universitaires de France PUF ; 2003. 1640 p.
[236] L'Assemblée générale réitère sa condamnation de tout déni de l'holocauste dans un texte qui compte 103 coauteurs sur 192 états membres [archive], Site officiel des Nations Unis, 26 janvier 2007. Disponible : http://www.un.org/press/fr/2007/AG10569.doc.htm
[237] Blăjan A. Justice pénale internationale en Afrique : de la CPI au rôle de l'UE. Nouvelle Europe [En ligne]. 23 juillet 2015 [consulté le 28 mai 2017]. Disponible : http://www.nouvelle-europe.eu/justice-penale-internationale-en-afrique-de-la-cpi-au-role-de-l-ue

www.ingramcontent.com/pod-product-compliance
Lightning Source LLC
Chambersburg PA
CBHW031422210526
45464CB00005B/2007